伟人的青少年时代

斯 大 林

郑春兴 主编

时代文艺出版社

图书在版编目（CIP）数据

斯大林 / 郑春兴 主编. —长春：时代文艺出版社，2012.6（2022.6重印）

（伟人的青少年时代）

ISBN 978-7-5387-2754-8

Ⅰ.①斯... Ⅱ.①郑... Ⅲ.①斯大林（1879~1953）—生平事迹—青少年读物 Ⅳ.①A742-49

中国版本图书馆CIP数据核字（2009）第104211号

出品人　陈琛
责任编辑　冀洋
排版制作　初昆阳

本书著作权、版式和装帧设计受国际版权公约和中华人民共和国著作权法保护
本书所有文字、图片和示意图等专用使用权为时代文艺出版社所有
未事先获得时代文艺出版社许可
本书的任何部分不得以图表、电子、影印、缩拍、录音和其他任何手段
进行复制和转载，违者必究

斯大林

郑春兴 主编

出版发行 / 时代文艺出版社
地址 / 长春市福祉大路5788号　龙腾国际大厦A座15层　（130118）
总编办 / 0431-81629751　发行部 / 0431-81629758
官方微博 / weibo.com/tlapress
印刷 / 三河市东兴印刷有限公司
开本 / 660mm×940mm　1 / 16　字数 / 123千字　印张 / 10
版次 / 2009年6月第1版　印次 / 2022年6月第8次印刷　定价 / 36.00元

图书如有印装错误　请寄回印厂调换

本书编委会

主　编：郑春兴

副主编：张耀军　朴景爱　辛宏志　杨　厦　张李昂
　　　　李赫男　王艳春　戚　新　孙伟国　张桂兰
　　　　于淑丽　于克敏　孙惠欣

编委会成员：（以姓氏笔画为序）
　　　　马　锋　刘　伟　李文太　杨开银　张春昊
　　　　杜　葳　李　颖　胡汉军　项　和　蒋玉容
　　　　韩国义

目 录 MULU

1 / 少年不幸

7 / 中学时代

13 / 《斗争报》

19 / 巴统受挫

24 / 初见列宁

30 / 两次重要的大会

33 / 在巴库被捕

35 / 又遭流放

37 / 接连被捕

43 / 在流放的日子

47 / 十月风暴

52 / 拥护列宁

59 / 转战沙场

66 / 故乡·起义

71 / 悼词·宣誓

77 / 有惊无险

81 / "左翼"与"右翼"的论战

85 / 新的斗争

88 / 家庭悲剧

93 / 重臣之死

97 / 修改刑法

100 / 惩治凶手

102 /《苏德互不侵犯条约》

108 / 不宣而战

114 / 初战失利

119 / 惨痛的代价

125 / 英明的决断

130 / 大反攻

137 / 三巨头

143 / 抢占柏林

150 / 对日宣战

少年不幸

斯大林的原名叫"约瑟夫·维萨里昂诺维奇·朱加施维里"。

"斯大林"是他后来用的笔名之一，俄语是"钢铁"的意思。

斯大林还有个乳名叫"索索"。

他出生时间是：1878年12月6日。

出生地是沙皇俄国统治下的格鲁吉亚民族梯弗里斯省一个叫"哥里"的小县城。

他的父亲名叫"维萨里昂·伊万诺维奇·朱加施维里"。

他的母亲名叫"叶卡捷琳娜·格奥尔吉耶夫娜·格拉泽"。

他的父母原来都是农奴，在俄国废除农奴制后，他们才从乡下搬进哥里小城。

他们的房子是租的，又小又破，家具也十分简陋。

父亲维萨里昂到城里后，学会了修鞋，作为鞋匠的他像别的鞋匠一样，是个酒鬼，挣的钱只够自己喝酒，根本不管家里。

母亲叶卡捷琳娜替富人家洗衣服或烤面包，挣些微薄的收入来维持家中的生计。

斯大林是他们第四个孩子，前三个孩子都夭折了。家里生活很贫困，父

斯大林的父亲：维萨里昂·朱加施维里

斯大林的母亲：叶卡捷琳娜·格拉泽

亲还常常拿母亲和斯大林撒气，动不动又打又骂。母亲只能默默忍受，而斯大林试图反抗，他有一次想用小刀片扎父亲，幸好被母亲抱在怀里，才避免了父亲的一顿狠揍。

斯大林童年唯一的快乐就是到户外去玩，父母都没时间看管他，他完全是个野孩子，去河边玩水，去野地里追逐小动物，用小石子打树上好看的小鸟，有时候玩累了，就一个人躲在某个角落里睡一觉。

他对父亲没什么感情，有的只是怕和恨，当父亲心情好的时候也想抱抱他，但他总是躲开，因为他受不了父亲身上的那股酒气。

他更愿和母亲在一起，听母亲给他讲格鲁吉亚的民间故事。那些故事中的强盗被母亲描述成反抗俄国沙皇的英雄，常常让幼小的他听得入迷。

斯大林八岁的时候患了"天花"，病得很厉害，一连几天高烧不退，呕吐不止。

父母看着被病魔折磨得奄奄一息的儿子，心都碎了。

可是，他们没钱给儿子治病，父亲一边喝着低价的白酒，一边咒骂着："病死吧！都死吧！这鬼日子活着还有什么意思！"

在沙皇黑暗统治下的悲惨的下层贫民，除了咒骂，他们毫无办法。

母亲一声不吭地坐在床边守护着儿子，默默地流泪，不时地摸一摸儿子滚烫的额头。

儿子不哭，也不叫，紧紧地握着两只小拳头苦忍着，有时还安慰母亲说："妈，你别哭了，我会好的，我一定会好的。"

听儿子这么一说，母亲哭得更厉害了：多么懂事而刚强的儿子啊。

不知是母亲对上帝的祈祷起了作用，还是儿子强壮的身体经受住了疾病的折磨，几天后，斯大林奇迹般地康复了。

但是，他愈后留在脸上的麻斑却伴他终生。

斯大林十岁时，进入哥里城一家教会小学校读书。

他也算挺走运，因为在废除农奴制之前，像他这样出身微贱的孩子是没权利上学的，而这所小学也刚刚允许他这样的儿童入学。

在上学前，母亲就告诉斯大林说："好儿子，你一定要好好学习啊！学习好了，长大就可以当神甫了，也可以替上帝做事了，我们家当然也可以不用再受穷了。"

斯大林懂事似的点了点头，说："放心吧，妈，我一定好好学习，长大做个有出息的人，也可以不用你替别人家干活儿了。我挣很多很多的钱养活你！"

果然，斯大林学习非常用功，加上他天资聪颖，学习成绩在班里是数一数二的。

母亲从儿子身上看到了日后的希望，整日愁云密布的脸上也开始露出欣慰的笑容。

斯大林——苦难的童年

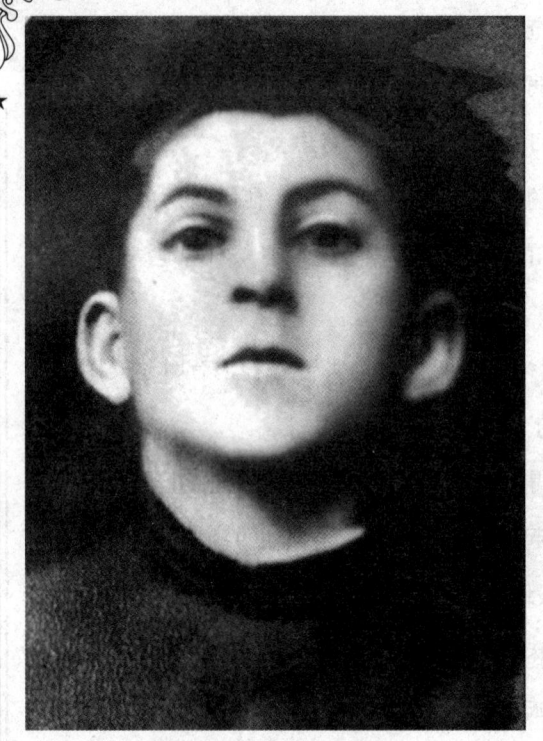

可是，她那酒鬼丈夫却要毁灭她的希望。

斯大林刚读了一年，父亲突然不想让他上学了。

一天，父亲和母亲大吵起来，说："你想让我的儿子去当神甫？不，我无论如何不会同意的！鞋匠的儿子还应当是鞋匠，他已经能拿得动锤子了，应该像我一样挣钱了！我可不想让那个该死的教会学校耽误了我儿子！"

"你没权利这么做！儿子一直是我在养活，而你的钱还不够你喝酒呢！我再苦再累，宁可当牛做马，我也会供儿子上学，让他成为上等人！当鞋匠能有什么出息啊！"

母亲和父亲大声地争吵。

"这个家我是一家之主，我……"

父亲刚说到这里，就被母亲打断了。母亲说：

"你不要再说了，儿子的事你说了不算，你要敢不让儿子上学，我跟你拼命！"

尽管母亲表明了态度，可父亲两天后还是把斯大林从学校偷偷带到了他打工的鞋厂——父亲已经受雇到省城梯弗里斯的一家鞋厂当工人。

斯大林不敢不同父亲来省城，他怕父亲揍他。

父亲对斯大林说：

"别听你母亲的，咱们穷人永远都是穷人，那帮富人和有权有势的家伙们，不会让咱们抬起头来成为上等人的！那只是你母亲的幻想，我们只能一辈子给人家做鞋、修鞋！为什么不趁早学会手艺，多挣些钱呢！"

但是，父亲低估了母亲的坚决，就在斯大林来到省城的第二天，母亲找来了。

母亲对父亲瞪着喷火的眼睛，说：

"你是把儿子还给我，还是让我现在就撞死在你面前？"

父亲没吭声。

母亲拉起斯大林匆匆地走出了那家工厂。

斯大林有些同情父亲，几次想回头看看父亲，终于忍住了。

他没想到，此后竟再也看不见父亲了。这一别，竟成永别。

父亲是第二年去世的，斯大林听说父亲是酒后与人斗殴，被人用刀子刺死的。他问母亲是谁刺死了父亲，他要去为父亲报仇。

母亲却说：

"你听谁说的？你父亲是醉死的，酒精中毒！"

父亲真是醉死的？还是母亲怕他去惹事？

父亲去世时，斯大林十二岁。

尽管他和父亲没太深的感情，可一想到父亲是被人刺死的，他的心里就一阵阵火辣辣的疼。

他那些天经常背着母亲磨他的小刀片，复仇的火焰时刻烧灼着他幼小的心灵。

直到有一天母亲发现了他磨得异常锋利的小刀片，哭着劝说他，他才答应母亲不去干傻事。

丧父之痛刚刚平抚，斯大林又遭遇了一次不幸。

他十三岁这年，在放学时遇到车祸，左臂受伤，母亲给他贴了药膏，他也没当回事。

可是，康复之后，左臂却比右臂细，还弯曲不灵便，从此落下终生残疾。

脸上的麻斑，左臂的残疾，一度让斯大林感到很自卑，也变得孤僻起来。

而自身的缺憾更加激发了他用功学习，到1894年6月，他小学毕业时，他取得了优异的成绩，获得了奖状和证书。

母亲看着儿子拿回来的奖状和证书，欣慰地笑了，但笑后却发出了一声长叹。

懂事的斯大林说：

"妈妈，你是不是犯愁没钱供我上中学啊？"

母亲坚定地说：

"妈不犯愁，妈就是靠卖血，也一定要让你上中学的。"

中学时代

格鲁吉亚的首府梯弗里斯距哥里有七十六公里，位于格鲁吉亚的西部地区。

梯弗里斯正教中学在格鲁吉亚乃至整个高加索都是很出名的，这里是当地知识分子主要的培养基地，在信奉东正教的格鲁吉亚人心目中有很高的声望。

1894年秋天，斯大林进入梯弗里斯正教中学。是哥里学校的校长和当地神甫帮助他获得的奖学金——当然也就不用母亲去卖血了。

来到梯弗里斯中学时，斯大林心情很激动，他决心好好学习，长大当个神甫，不但可以满足母亲的愿望，也可以为别人多做好事。

这所学校管理得非常严格，带有很大的强制性。

宿舍是大房间，每间屋子住二十多人。早7时起床，先祈祷，后吃早饭，铃声一响，就得进教室，一直上课到午后2时。

下午3时吃午饭，饭后经允许可外出，但在5时以前必须归校。

晚5时点名，以后禁止外出，8时吃晚餐，然后自习，至10时就寝。

课程除神学外，还有数学、希腊语、拉丁语、俄罗斯文学和历史。

学校强行推广俄语，因为格鲁吉亚已经成了沙皇俄国的殖民地。

学校里充斥着蒙昧主义和虚伪作风。老师讲的一切都是不容置疑的，学生对神学课本上的内容有一点批评都被看作是对神明的亵渎。

学校不允许学生到非教会图书馆借书看，只有经过修道士认可的书才能阅读。

凡是违反校规的人都要被禁闭。

修道士们经常密切关注学生的一言一行，一发现有可疑之处，就对学生的行李进行搜查，有时还偷听学生的谈话，严禁自由的进步思想出现。

斯大林听有的同学说，学校开除过许多"以自由主义精神上课"的教员，也开除过许多有反抗意识的学生。

按学校的规定和要求，在这里的教师和学生必须学会无条件的服从。

在正教中学的头两年里，斯大林很听话，学习也很用功，在老师眼里是个好学生。

第一年他成绩在全班列第八名。

第二年他成绩在全班列第五名。

老师对他的评价是：脑子反应快，有很强的记忆力，如坚持勤奋学习，前途不可限量。

然而，第三年开始，斯大林却对学习失去了兴趣，也不太在乎功课是否优秀，总是一个人躲在某个角落里静静地读书。

15岁时的斯大林，家里人叫他"索索"。

他读的并不是学习的书，严格地说，是一些学校规定的"禁书"。

因为这时候，斯大林通过高年级同学的介绍，与流放到外高加索的俄罗斯秘密的马克思主义小组建立了联系。

他的"禁书"全是从马克思主义小组那里借来的。

这些"禁书"有格鲁吉亚诗歌，也有俄罗斯和西方的经典著作。

其中果戈理、谢德林、契诃夫是斯大林最喜爱的三个俄国讽刺作家。

他对巴尔扎克、雨果、萨克雷的作品也比较喜欢。

斯大林特别推崇卡兹别吉写的《努奴》。

这部小说描写的是个传奇故事，在受压迫的山民反抗沙皇的斗争中，山民起义领袖柯巴英勇顽强，不怕艰难，最终壮烈牺牲。

斯大林也希望自己能成为柯巴那样的英雄，他后来写文章就用过"柯巴"的笔名。

广泛的阅读，更加激发了他热爱祖国、为祖国服务的决心，也使他萌发了创作激情。《伊维利亚》登载了斯大林的几首诗。其中《致月亮》一首这样写道：

诗人啊，
你热泪盈眶，
为农民的苦难黯然神伤，
此后你又亲眼目睹了非人的磨难一桩又一桩。
伟大的祖国使你激动，
你一次次欢呼雀跃，
你的歌声响彻云霄，
宛如瀑布奔泻直下。
祖国给了你灵感，

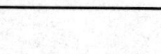

你弹起神圣的琴弦，

把理想倾注在她的身上……

这期间，斯大林读的书籍值得一提的还有：

费尔巴哈《基督教的本质》（这本书对马克思和恩格斯都产生过很大影响）；

巴克尔的《英格兰文明史》；

巴拉诺夫斯基的《英国的周期性危机》；

尼·李别尔的《大卫·李嘉图和卡尔·马克思的社会经济学著作》；

勒图尔诺的《所有制的演变》；

达尔文的《人类的起源》；

斯宾诺莎的《伦理学》。

可以说，这些著作对斯大林的思想发展起了极其重要的作用。

首先，他把母亲虔诚信奉的东正教看得一钱不值，进而神甫在他心目中的地位也一落千丈。他知道东正教和那些神甫，都是沙皇俄国用来奴役人民的工具。

换句话说，那些神甫就是沙皇统治人民的帮凶！

他开始厌恶神甫，厌恶自己所在的牢狱般的正教学校。

他为母亲及所有被东正教愚弄的人们感到悲哀，也为自己的猛醒感到庆幸。

就这样，在第三学年开始不久，斯大林加入了本校一个秘密的社会主义小组。

小组由九名同学组成，由年龄最大的达里亚尼任组长。

达里亚尼从校外拿回一个纲领，按照这个纲领，小组成员必须在六年内把自己训练成成熟的社会民主主义领袖。

为了保密起见，斯大林提议，小组在校外租了个小房，每周活动一至二次。

活动内容有时讨论当时进步报纸《犁沟报》上的文章，有时学习马克思和恩格斯的政治经济学和一些基本理论的语录。

由于当时在整个梯弗里斯只有一本《资本论》，"语录"中有许多是手抄本。

有时，大家还传阅斯大林自编的手抄本的半月刊。

为了编好自己的半月刊，斯大林用了大量的时间读书和写作。

有一次，不知道学监阿巴希泽怎么知道了，突然搜查了斯大林的行李，发现了他为半月刊写的一篇文章。

好在文章内容不太"反动"，学监告知校长，给了斯大林一次"警告"和扣操行分的处分。

斯大林根本没当回事，仍然我行我素。

他在1898年8月，加入了"麦撒墨达西社"。由于该社已经集体加入了俄国社会民主工党，所以斯大林也就成为该党的党员。

这一年斯大林二十岁。

在"麦撒墨达西社"，斯大林结识了他政治上的良师益友楚卢基泽和克茨霍韦利。

加入"麦撒墨达西社"后，他接受了组织交给他的工作：

负责组织辅导梯弗里斯铁路工人的一个小组的学习。

由于他表现得出色，克茨霍韦利又让他负责另外几个工作小组的学习。

他给工人们讲课，都是自拟讲课提纲。

由于忙着组织工人学习，经常不请假旷课外出，学校终于对他进行严厉惩罚，有一次关了他五个小时禁闭。

关完禁闭，校长对他下了最后通牒：

"你如果再不思悔改,我们就开除你的学籍!"

斯大林冷笑一下,说:

"不用你们开除,我从今天开始就不念了!"

校长一怔,说:

"年轻人,你可别这么冲动,这关系到你一生前途!"

斯大林说:

"我早想过了,不推翻沙皇的专制暴政,像我这样的穷孩子,毫无前途可言。我可以告诉你,我为自己选择的前途,那就是两个字:革命!"

《斗争报》

斯大林把离开学校的事对克茨霍韦利说了,对方听完就笑了,说:

"有什么关系呢!我当初就是被正教中学开除的。不,确切地说,是我们开除了学校。"

根据克茨霍韦利的建议,斯大林决定回家看看母亲。

母亲见到儿子回来非常高兴,不知道从哪里借来钱买回一斤肉,心疼地对儿子说:

"你学习用功是好事,可也不能不爱惜身体啊!看你,比上次回来还瘦,这怎么能行呢!"

斯大林心里很难受,还是硬起心肠,说:

"妈妈,我不再去上学了,可能永远也不会成为神甫了。因为我选择了一条新的人生之路。我要做的事,简单地说,就是要让所有的穷苦人不再受穷受苦,而要把那些有权有势的混蛋们统统送进地狱里去!"

面对母亲的叹息、泪水和惶惑不安,斯大林没有心软,在家住了几天,又返回了梯弗里斯。

他为了生计,一面给一户富人家当家庭教师,一面继续从事他的革命活动。

伟人的青少年时代

二十岁时的斯大林

1899年的年底，克茨霍韦利找到斯大林，说：

"你知道吗？梯弗里斯地球物理观测站开始招聘人了，我建议你去那里工作。我兄弟已在那里谋到个职位，这对我们的革命工作会有帮助的。"

斯大林于是到观测站应聘，被聘用为观测员，试用期四个星期。月工资二十个卢布，工作时间不超过半年每月只给五个卢布。

薪水虽然微薄，好在他在这里有了一个自己的房间，可以自由自在地读书写作，还可以和组织内的人秘密聚会。

他上班后，克茨霍韦利和楚卢基泽等人就经常来他这里，他们谈读书体会，策划搞工人罢工。

有一天晚上，克茨霍韦利突然来找斯大林说：

"我已经被暗探盯上了，我得离开梯弗里斯……"

"你去哪里？怎么与你联系？"斯大林镇定地问。

克茨霍韦利说：

"我要去巴库。我早就想在那里建立一个秘密印刷所，这次我去，这一愿望就有望实现。我们可以写信联系。"

斯大林说：

"有了印刷所，我们就可以创办自己的报纸了！"

克茨霍韦利点了点头，说：

"是的，我们一定要创办自己的报纸！"

克茨霍韦利离去后，斯大林和楚卢基泽等人开始策划五一节庆祝的事情。

当时，在格鲁吉亚"劳动节"是非法的，从来禁止庆祝。

经过策划和筹备，1900年的五一节有四五百工人兴高采烈地聚集到郊外山里，工人们举着红旗和自制的马克思、恩格斯的画像，还有用格鲁吉亚文、俄文及亚美尼亚文写的横幅标语。

在集会上，有三四个组织者发表演讲，斯大林是其中之一。

这是斯大林第一次在公开集会上发表演讲，他说得不太"体面"，却非常"有劲儿"：

"明年我们庆祝自己的节日就不是在这山沟里了，而是在梯弗里斯的宽阔的大街上！我们要向世人展示我们力量的强大。也许有人会问，能做得到吗？我可以肯定地说，只要我们工人团结起来，就没有做不到的事情！"

成功地举行完五一节秘密集会，斯大林和楚卢基泽、加里宁等人又开始策划外高加索铁路总修配厂和机车库工人的罢工。

就在这年夏天，库尔纳托夫斯基——一个流放西伯利亚的著名的马克思主义者来到了梯弗里斯。

库尔纳托夫斯基的马克思主义理论水平和丰富的斗争经验很快就赢得了斯大林的由衷钦佩。

库尔纳托夫斯基给斯大林等人带来许多令人振奋的好消息，而其中之一就是列宁准备创办全俄第一份马克思主义秘密报纸《火星报》。

由于库尔纳托夫斯基的加盟，斯大林等人的组织鼓动工作非常顺利，这年8月，他们策划组织的工人大罢工取得了预期的胜利。

在这次组织工人大罢工中，斯大林是唱了主角的，同时他也得到了锻炼，并给库纳托夫斯基留下了深刻印象。

这次大罢工之后，斯大林等人的革命活动引起了当局的警觉。

众多暗探的出现，为他们组织下一个五一节大游行增加了困难。

但他们并未退却，而是知难而进，散发了秘密传单，宣传别的省市工人五一节大规模游行示威的壮举。

同时，私下串联鼓动，组织筹备下一个五一节大游行。

1901年3月21日，负责筹备梯弗里斯五一节大游行的库尔纳托夫斯基和一些积极参加这项工作的当地社会民主党人突然被捕了。

同一天晚上，地球物理观测站也遭到搜查，特别是斯大林的房间被翻得乱七八糟，幸好斯大林不在，才幸免被捕。

其实，警察搜查观测站时，斯大林正坐有轨马车回来，他发现观测站周围有警察，就没下车，而是坐到终点，直到认为警察该走了，他才悄悄回到观测站。

他知道观测站已经不能待了，警察随时会来抓他，便简单收拾了一下东西，和同事们告别后，连夜离开了观测站，躲到一个熟悉的工人家里。

这一夜他也没睡好，想着怎么完成被捕的同志们未完成的工作——继续筹备五一节大游行。

他知道要继续这项工作，已经十分危险，何况，警察正到处搜捕他呢。

在这个工人家里躲避了两天，他又继续行动起来，印发传单，号召工人们不要怕敌人的破坏，公开庆祝五一节，走上街头大游行。

接着，他秘密召开工人代表会议，讨论确定游行示威的路线和地点。

他想到游行示威的工人肯定会与警察发生冲突，就建议让那些多子女家庭的男主人不要参加，以防出现意外不幸，那一大家子没人养活。

4月22日，有两千多名工人聚集在一个较大的购物市场，在不知情的人眼里，他们像是购物者。可他们拎的筐里或提兜里却藏着红旗。

斯大林就混在工人们中间，他根据工人代表报告的情况，知道附近几条主要街道已被警察封锁了，于是当机立断，决定就在市场升起红旗开始游行。

一声令下，人群响起欢呼声。很快，一面面红旗举起来了。工人们喊着革命口号，举着红旗离开市场，涌上大街，迎着警察和宪兵勇敢地走去。

这次游行示威是成功的，尽管有十四名工人在与警察的冲突中受伤，五十多名工人被捕，却震撼了整个高加索，是工人们向专制制度公开宣战。

几星期后，《火星报》做了报道，认为这次工人游行对整个高加索具有历史意义——这一天标志着高加索公开革命运动的开始。

但是，这次游行的主要领导者和组织者的斯大林却不得不离开梯弗里斯了，面对正挖地三尺搜捕他的警察和宪兵，他只好暂时躲避。

去哪里？

斯大林想到了与他中断了联系的克茨霍韦利，他决定去巴库。

斯大林来到巴库，见到了克茨霍韦利和先期逃避来的楚卢基泽。

"我们正在为你担心呢！干得好！太好了！"

一见面，克茨霍韦利就笑着夸奖斯大林。

楚卢基泽也说：

"我们谁都没想到你还留在梯弗里斯，更没想到你会继续干！有魄力！看见《火星报》了吗？列宁同志对我们这次游行活动评价不低啊。当然，主要功劳应该归你。"

斯大林丝毫没有得意之色，却说：

"那是大家的功劳。印刷所的事情怎么样了？"

克茨霍韦利说：

"成了。不然，我们真没脸见你了。多亏克拉辛帮忙，他是一个炼油企业的经理、工程师。

"他帮我们改装了印刷机，我和他已经被确定为《火星报》的代办员。"

楚卢基泽说：

"我们不仅可以印《火星报》，还准备创办自己的报纸，你来了最好，咱们一起干吧。"

1901年9月，斯大林、克茨霍韦利和楚卢基泽创办的《斗争报》在巴库出版。

这是梯弗里斯社会民主党组织秘密出版的第一份报纸。斯大林写了《编辑部的话》刊登在创刊号上。

《编辑部的话》针对当时国际国内社会民主主义运动中，特别是多数派在他们的刊物上修正马克思主义的做法，指出：《斗争报》要以社会民主主义的原则和革命的斗争方式来衡量每一个运动，从而避免伯恩施坦派的一切呓语。

报纸的任务是，必须对一切有关工人运动的问题经常给以明确的答复，解释各种原则性的问题，从理论上说明工人阶级在斗争中的作用，并以科学社会主义的光辉照耀工人所遇到的每一种现象。

格鲁吉亚的社会民主主义运动并不是一个单独的运动，它和全俄的运动携手并进，是服从于俄国社会民主党的。

可以说《编辑部的话》所表明的立场，是民主的革命的国际主义的。

《编辑部的话》是《斗争报》编辑部的克茨霍韦利、楚卢基泽和斯大林共同工作的成果。《斗争报》共出版了4号，第2、3号合刊于1901年11月和12月间出版，第4号于1902年12月出版。

该报出版方面的实际工作由克茨霍韦利负责，宣传普及马克思主义、社会主义方面的工作由楚卢基泽负责，有关革命的马克思主义政党的纲领和策略问题的文章出于斯大林的手笔。

11月11日，梯弗里斯的一些社会民主党小组召开代表会议，选出了俄国社会民主工党梯弗里斯委员会，斯大林当选为该委员会的委员。

11月底，梯弗里斯委员会派斯大林到高加索的第三大城市巴统建立社会民主党组织。

这无疑是一项艰巨的任务。

巴统受挫

巴统位于黑海岸边，靠近土耳其边境。这座城市就是俄国和土耳其战争时夺过来的。

斯大林来到巴统时，这里已有十多家大工业企业，工人近五千人。工人运动还处于无组织的自发状态。

他一到巴统就与先进工人建立了联系，召开了先进工人会议，建议在各工厂组织可靠工人建立政治小组。

很快，一些政治小组建立起来了，他亲自给工人们上课，并要求他们把听过的课再讲给别的工人听。

斯大林讲得通俗易懂，能够把深奥的理论用简单明了的话语说出来，深受工人们欢迎。

他告诉工人们：工人要获得解放，就必须推翻沙皇的专制制度，而这场斗争不单是反对一个资本家，而是战胜所有的资本家。

斯大林很快成了工人们喜爱的人物，每次上完课，工人们也不愿立即离去，而是围住他问这问那。

有一次，一个工人发现斯大林的鞋子破了，便和别的工人悄悄凑钱给他买了双新鞋。斯大林很受感动，说：

"我们要起来进行革命斗争，为的就是有新鞋子穿，有好日子过。"

斯大林来后不久，工人们就组织起十一个政治小组，为了宣传的需要，他决定成立一个秘密印刷所。

于是，在1902年的年初，斯大林返回梯弗里斯，在克茨霍韦利这里搞到印刷机和能印俄文、格鲁吉亚文和亚美尼亚文的铅字。

他刚回到巴统，就赶上一家工厂着火了。当他得知工厂组织工人灭火却不给报酬时，就鼓动工人们为赢得报酬而斗争。

工人们被鼓动起来了，成群结队地去厂长办公室门前示威，厂长胆怯了，这才同意给每个工人发两个卢布。

斯大林随即在政治小组会上讲：

"这虽然是两个卢布的胜利，但却显示了我们工人的力量，只要我们团结起来，我们一定会取得更大的胜利。"

印刷所几经转移，最后搬到巴统郊区的一个村子里。

斯大林也来到这个村子，就吃住在这个印刷所。

他自己写传单，印传单，由化装来到这里的工人把传单带到城里散发。

他写印传单一般都在夜里，为了不被别人发现，经常整夜地工作。

由于传单的鼓动，加上斯大林讲课唤起了工人们的斗争意识，巴统各工厂从1902年元旦到3月中旬，相继举行了罢工。

工人们罢工时向厂方提出的要求是：

取消夜班；每周休息一天；文明

青年斯大林

对待工人。

但有的工厂答应了工人们的要求，而有的工厂却对工人进行迫害。

3月7日，有一家工厂罢工时，警察抓走了三十二名工人。

斯大林闻讯，特意从乡下来到城里，与几位工人代表商议营救被捕的工人。

有一个工人代表说：

"市长已经答应了，说一两天就放人……"

"不！"

斯大林立即打断对方的话，说：

"我们不能指望市长是个守信用的人，他是在拖延时间，那帮沙皇官员的话我们不能相信。我建议用暴力去解救我们的兄弟！现在该是显示我们强大力量的时候了！"

但他的建议受到了几个工人代表的抵制。

工人们坚信市长会说话算数，反对进行游行示威。

斯大林很生气，说：

"那就走着瞧吧，但愿你们的仁慈心肠能感动那帮混蛋！而我却不抱任何希望！"

果然，第二天，市长非但没放人，反而进行了更大规模的逮捕，连参加这次会的三个人也给抓进去了。

残酷的现实教育了工人们，他们不能再沉默了。

3月9日，在斯大林的直接领导和组织下，全市工人宣布大罢工并举行游行示威，要求释放前两天被军警逮捕的工人。

这天参加游行的除了工人，还有许多市民及小工商业者业，人数达到六千多，占整个巴统人口的五分之一。

当示威群众走到关押被捕工人的押解站时，看守的军队突然开枪射击，有十五名工人被打死，五十四人受伤，约五百名示威者被捕了。

示威游行被镇压了，斯大林在群众的掩护下才得以逃脱抓捕。

他连夜返回乡下印刷所，写印传单，抗议枪杀示威者的暴行，号召工人们不要屈服，认清反动当局的豺狼本性，坚持斗争到底。

斯大林并不知道，就在他忙着写印传单时，巴统的警察们已经对他进行了秘密调查，并把他的名字列上了重要抓捕的黑名单。

4月5日晚，斯大林来到城里一个老工人家，召开工人代表会议，研究布置下步工作，会刚开到一半，警察就包围了这所房子。

斯大林知道在劫难逃，对与会者说：

"如果我被捕，你们一定要坚持下去。"

并说出了印刷所在乡下的地点和联系人。

他的话刚说完，警察就冲进来，斯大林和另外三人被捕了。

斯大林被囚禁在巴统监狱，到第二年4月又转到库塔伊斯监狱。

斯大林在监狱期间，鉴于他对工人运动的突出贡献，被选为俄国社会主义工党高加索联合会委员。

在监狱里，斯大林也抓紧一切时间读书，可他不太喜欢狱友的辩论，他更愿意一个人静静地思考。

1903年7月中旬，斯大林等十六名政治犯被流放到西伯利亚东部，当中就有他所敬佩的战友库尔纳托夫斯基。

库尔纳托夫斯基和另一名战友是"惯犯"，被判处流放四年，斯大林等十四人被判处流放三年。

斯大林的具体流放地为伊尔库茨克省巴拉干县新乌达村。

就在斯大林被流放时，俄国社会民主工党第二次代表大会召开了。

但这是一次分裂的大会。在这次大会上，分成了多数派（音译布尔什维克）和少数派（音译孟什维克）。

布尔什维克的代表人物是列宁。

孟什维克的代表人物是马尔托夫。

斯大林在流放地呆到了这年冬天，他就开始准备逃走。

第一次却没逃成功，因为他习惯格鲁吉亚的炎热，却忽视了西伯利亚的寒冷。他防寒用品准备得不够，途中又遇上了可怕的暴风雪，他知道往前继续走只能是死路一条，只得返回来再做打算。

第二次逃跑成功了，因为有了第一次的教训，第二次不仅带足了防寒东西和食物，还雇了一辆当地农民的马车，一直穿过人迹罕至的荒原雪野到达火车站。

1904年2月初，斯大林秘密返回巴统。

他惊异地发现，这里的社会民主党组织已经被孟什维克控制了，他们不赞成工人进行政治斗争，而热衷于工人们为改变经济状况采取小打小闹的活动。

斯大林无法再开展轰轰烈烈的工人运动，而且处境极其危险，他只好偷偷地返回梯弗里斯。

梯弗里斯竟有一个不幸的消息在等着他。

初见列宁

回到梯弗里斯，斯大林直接来到工人博乔里泽家，竟遇上了来到这里的楚卢基泽和斯瓦尼泽。

斯瓦尼泽和其父都是原来"麦撒墨达西社"的成员，是斯大林的战友。

见到斯大林安然从流放地逃回，三位战友非常高兴。

斯大林却急不可待地问楚卢基泽，说：

"你怎么在这里？《斗争报》怎么样了？"

楚卢基泽叹了口气，说：

"《斗争报》早停刊了。因为我们的好朋友克茨霍韦利遭到了不幸，他在去年被捕，在狱中被折磨死了……"

斯大林心头一震，眼睛一下子湿了。

楚卢基泽又说：

"更重要的是，我们党现在分裂成两派，一派是以列宁为首的布尔什维克，另一派是由马尔托夫等人为首的孟什维克。我们的思想观点更倾向列宁的布尔什维克，但是……托普里泽他们却靠到孟什维克那边去了。"

斯瓦尼泽补充说：

"你不知道，是托普里泽代表梯弗里斯委员会去参加的'二大'。他

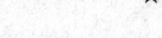

回来后就按照孟什维克的观点进行工作。我们并不赞成，但孟什维克占了多数，他们的人在不少地方把持委员会……"

斯大林说：

"我感觉到了，我在巴统就发现他们不对劲儿。可是，我们党为什么要分裂呢？"

楚卢基泽说：

"根本的分歧在于孟什维克不赞成把党建成一个有铁的纪律，特别能战斗的、强有力的集体，他们希望党成为一个纪律松散的群众性的组织。"

斯大林皱了下眉，说：

"党如果没有战斗力，就不能推翻沙皇的专制制度，单从这一点上看，布尔什维克并没有错。"

斯大林同列宁在一起（油画）

斯瓦尼泽笑了笑,说:

"你先别忙表态,还是熟悉一下情况再说吧。你刚逃回来,重要的是先恢复好身体。"

第二天,斯大林在斯瓦尼泽和楚卢基泽的陪同下,去墓地拜谒了克茨霍韦利。

离开墓地,楚卢基泽有事先走了,斯瓦尼泽拉斯大林来到一个小咖啡馆喝咖啡。

"咱们今天谈点私事。"他们在咖啡馆里一坐下,斯瓦尼泽就笑着说。

斯大林一怔,问:

"什么私事?"

斯瓦尼泽却反问他:

"你今年多大了?"

斯大林更有些不解,又问:

"问这干什么?你不是知道吗?"

斯瓦尼泽说:

"我记不太清楚了,是二十六岁吧?"

斯大林有些不耐烦了,说:

"咱们还有许多事要做,你却有心情在这儿闲磨牙。"

斯瓦尼泽笑了,说:

"好吧,我不绕圈子。是这样,我父亲让我有机会问一问你,你觉得我妹妹卡桃怎么样?我父亲的意思,如果你同意,就让卡桃嫁给你。你该不会一辈子独身吧?"

斯大林愣了愣,说:

"这太突然了,我……卡桃知道吗?"

斯瓦尼泽说:

"当然,听我父亲说,卡桃向他表露过,对你很有好感。"

斯大林说:

"可是,你知道,我们的工作非常危险,我怕连累了卡桃……"

斯瓦尼泽打断他的话,说:

"这不能成为你拒绝的理由。你不是革命者,我妹妹可能还看不上你呢!"

呷了口咖啡,又说:

"干脆点,行还是不行,一句话。"

斯大林点了下头,说:

"那就行吧。"

就这样,两个月后,斯大林与卡桃结婚了。

卡桃家住在梯弗里斯郊区农村,他们婚后在村里租了房子,没有回斯大林的老家哥里。

斯大林的第一个妻子:叶卡捷琳娜·斯瓦尼泽(卡桃)

卡桃漂亮、温柔，也是个东正教徒，但她非常支持斯大林从事革命活动，一个人承担起全部家务。

这时正值斯大林摇摆不定，不知道应该靠向布尔什维克，还是靠向孟什维克，他就在家里读书，想尽快弄清楚这两派的思想观点。

这年的8月，斯大林看到了列宁起草的、有二十二名布尔什维克签名的《告全党书》。

这份《告全党书》像一盏明灯照亮了他的心胸，也驱散了他眼前的疑云暗雾，坚定了他站到布尔什维克一派的立场。

他又说服了岳父和内兄，让他们也站到布尔什维克一边来。

立场坚定了，目标也就明确了，他又投入到忘我的工作之中。

他开始着手组建布尔维克委员会，同时和邵武勉、楚卢基泽创办了布尔什维克报纸《无产阶级斗争报》。

他还写了一篇名为《社会民主党怎样理解民族问题？》的文章发表在《无产阶级斗争报》上。此外，这一时期，斯大林还写了以下主要著述：

《俄国社会民主党及其当前任务》；

《无产阶级和无产阶级政党（论党章第一条）》；

《高加索的工人们，是复仇的时候了》；

《略论党内意见分歧》；

《武装起义和我们的策略》；

《临时革命政府和社会民主党》；

《两次搏斗》；

《马克思和恩格斯论起义》；

《阶级斗争》；

《无政府主义还是社会主义？》等。

其中《略论党内意义分歧》小册子引起了布尔什维克中央的关注。

1905年7月18日，列宁的妻子克鲁普斯卡娅写信给高加索联合委员会，要求把斯大林的这本小册子寄去，并要求经常给他们寄去《无产阶级斗争报》。

1905年12月25日至30日，斯大林代表"南高加索联盟"参加了在芬兰塔墨尔福斯举行的俄国社会民主工党第一次代表会议。

这是斯大林第一次出席全国性的会议，也是在这次会议上，他第一次见到了列宁。

后来，斯大林这样描述初见到列宁给他留下的深刻印象：

"我本来希望看见我们党的山鹰，看见一个伟大的人物，这个人物不仅在政治上是伟大的，而且可以说在体格上也是伟大的，因为当时列宁在我的想象中是一个魁梧奇伟的巨人。

"当我看见他原来是一个和凡人毫无区别，简直是毫无区别的、最平常的、身材比较矮小的人的时候，我是多么失望啊。

"通常'伟大人物'照例开会迟到，使会场上的人望眼欲穿地等他出现，而且在'伟大人物'就要出现之前，会场上的人彼此警告说：'嘘……静一点……他来了'，我当时觉得这一套并不是多余的，因为它能令人肃然起敬。

"当我知道列宁比代表们到得更早，躲在一个角落里朴实地同那些参加代表会议的最平常的代表们进行最平常的谈话的时候，我是多么失望啊，老实说，我当时觉得这未免有点违背某些必要的常规。

"后来我才明白，列宁这样朴质谦逊，这样不愿表现自己、至少是不想惹人注目、不摆架子的特点，正是他的最大长处，正是他这种新群众的新式领袖，即人类最'下层'普通群众的新式领袖所具有的最大长处。"

此后，斯大林就一直学习列宁和追随列宁。

两次重要的大会

在参加完1905年的塔墨尔福斯会议之后，斯大林又分别参加了1906年4月和1907年5月的俄国社会民主工党第四次、第五次代表大会。

在这两次重要的会议上，斯大林都坚定地站在布尔什维克立场上，与孟什维克分子做了坚决的斗争，给列宁和布尔什维克很大的支持。

他参加这两次会议，都化名为"伊万诺维奇"。

在斯德哥尔摩召开的第四次（统一）代表大会，主要讨论修改土地纲领、对目前形势的估计和无产阶级的任务、对国家杜马的态度、武装起义等问题。

斯大林分别就策略、目前形势和修改土地纲领等问题发了言。

他在就策略问题发言时指出，布尔什维克的策略是战斗的、催人奋进的，是唯一正确的策略；而孟什维克的策略则是使人萎靡，使人意志消沉的策略。

在《论目前形势》的演说中，斯大林批判了孟什维克所谓在资产阶级革命中无产阶级领导权是有害的思想，认为无产阶级的利益要求无产阶级掌握领导权，走在革命前头，组织武装起义夺取政权。

他指出，只有在无产阶级掌握领导权的情况下，才能把革命进行到底。

斯大林在代表大会上主张抵制杜马选举。

列宁支持参加杜马选举。代表大会通过的决议也是参加杜马选举，积极利用杜马讲坛为无产阶级利益服务。

这个决议无疑是符合当时的实际情况的。

第五次（伦敦）代表大会。在高加索的一万八千名党员中，工人不超过六千人，而且大多数工人也追随孟什维克。高加索的孟什维克充分利用他们在高加索的压倒多数和正式的统治地位，尽力阻止布尔什维克当选。

这样斯大林没有获得作为一名正式代表应得到的票数，而是作为四十二名有发言权的代表之一出席代表大会的。

斯大林作为有发言权的代表，是在代表大会轮到列宁担任主席时宣布的。

他建议不加讨论地通过资格审查委员会的决议。这个决议建议给四名代表以发言权，其中包括伊万诺维奇。这时孟什维克的领袖马尔托夫在座位上喊道：

"我希望知道得到发言权的人是谁？他们都是些什么人？从什么地方来？"

列宁回答说：

"我的确不知道，但是代表大会可以信赖资格审查委员会的一致意见。"

在这次代表大会上，斯大林与斯·格·邵武勉等四人针对高加索孟什维克，发表两则澄清事实的声明。

声明中指出，高加索的孟什维克几乎全由城市和农村的小资产阶级组成。

杜马中的高加索代表完全是小资产阶级和中等资产阶级在一些地方与贵族地主联盟选出来的。高加索无产阶级没有用任何行动表示他们赞同党团的活动。高加索无产阶级甚至不充分了解党团的活动。

这两则声明是有力的,是对高加索孟什维克重重的一击。声明中没有任何激烈的言辞,只是摆事实,道理也就不言自明了。

这次代表大会结束后,正值反动时期开始。

轰轰烈烈的俄国第一次革命持续两年半时间。这次革命就其社会内容来说是资产阶级革命,就其斗争方法和工人阶级在革命中起的领导作用来说是无产阶级革命。

同时这次革命也是农民革命,因为农民的土地问题是这次革命的经济基础,并构成了这次革命的民族特点。这次革命第一次沉重地打击了沙皇专制制度,为新的决定性战斗奠定了基础。

在巴库被捕

1907年6月，斯大林被党组织派到巴库工作。

他临去巴库之前，又到墓地拜谒了两位良师益友：克茨霍韦利和楚卢基泽。

楚卢基泽是1905年6月病逝的，正好去世两周年。

斯大林是一直把这两个人视为革命的引路人，可惜这两位才华横溢的革命者却英年早逝；克茨霍韦利遇害时仅二十七岁，楚卢基泽去世时仅二十九岁。

革命是需要付出血的代价的，斯大林知道，对亡友最好的祭奠就是去完成亡友的未竟之业，把革命进行到底。

斯大林来到巴库做的第一件事情就是创办报纸，他的想法和工作得到了邵武勉等人的支持。

不到一个月，《巴库无产者报》出版了，这是布尔什维克的秘密报纸，由斯大林任主编。

根据巴库工人运动的实际情况，在两个月后，斯大林和邵武勉等人又创办了巴库石油工会的布尔什维克合法机关报《汽笛报》。

正当斯大林在巴库紧张工作时，11月家里传来噩耗：他妻子卡桃病逝了。

斯大林匆匆回到梯弗里斯农村安葬了妻子，把刚两个月的儿子托付给妻子的姐姐，将悲痛和对妻子的怀念深埋在心里，又回到了巴库。

在巴库，斯大林与孟什维克进行了坚决的斗争，并卓有成效地开展工作，1908年，在革命处于低潮的一年，巴库工人罢工人数之多居各省之冠。

枪打出头鸟，斯大林丝毫不顾个人安危，当然容易遭到不幸。

1908年3月25日，斯大林被捕，与他同时被捕的还有奥尔忠尼启泽——参加过列宁举办的培训班的、忠诚的布尔什维克战士。

他们在巴库监狱被关了七个多月，在狱中斯大林仍然与《巴库无产者报》和《汽笛报》保持联系，并指导工人罢工。

这所监狱死囚和其他犯人吃住在一起，刑场就在监狱的院子里，死囚往往是在众目睽睽之下被带到院子里绞死。

许多犯人都为死囚的惨叫而神经紧张，寝食不安，唯独斯大林像没听见似的，吃睡不误，坦然相对。

有一次奥尔忠尼启泽问斯大林，说：

"你真的一点也不怕？"

斯大林淡淡地说：

"已经怕过了，所以就不怕了。"

又遭流放

1908年11月初，斯大林被流放到沃洛戈达省的索利维切戈茨克镇。

工人们不知怎么知道了他要流放的消息，为他买来皮衣和皮靴等御寒衣物，因为他还穿着单衣。

斯大林很受感动，对送衣物的工人们说：

"大家别松劲儿，我一定还会回来和你们并肩战斗！"

11月9日，他离开监狱被押往流放地。

1909年2月初，在途中，他患了回归热，发烧、头痛、全身酸软无力，还恶心呕吐。被送到一个地方医院，治疗了半个月才痊愈。

2月27日，他到达流放地。

6月24日，他又从流放地逃了出来，先来到彼得堡，找到老战友，就是从巴库移居到彼得堡的阿利路耶夫，他让老战友为他弄到一张新的身份证。

7月上旬，斯大林秘密返回巴库。

但巴库的情况却是一团糟：《巴库无产者报》停刊了，《汽笛报》被孟什维克篡夺了。布尔什维克党员减少到只有二百多人，而且普遍有一种心灰意冷的情绪。

他找到邵武勉，劈头就说：

"你怎么搞的，怎么会弄成这样？"

没等对方解释，他又说：

"我不听你解释，我们当务之急就是立即使《巴库无产者报》复刊！"

他回到巴库三周后，《巴库无产者报》又复刊了。

他随后又恢复了巴库委员会的秘密印刷所。

他就像一颗火星，又点燃了奄奄一息的巴库工人运动的大火。

据统计：仅1909年6月到11月这段时间，巴库又发生了八十九次工人罢工，达到了两万多人次。

从1910年起，斯大林是俄国社会民主工党中央委员会特派员。

这时斯大林预见到了革命低潮即将过去，高潮即将到来。

1月初，斯大林直接参加创办的《梯弗利斯无产者报》出版。他在为该报创刊号写的《发刊词》中指出，伟大的俄国革命没有死，它只不过退却了，而现在正为未来更广泛深入的斗争积聚力量。

可以说目前正处于爆发的前夜，先进工人的任务就是团结农民，领导革命，为此需要有一个能够肩负起训练无产阶级所有有生力量，进行战斗的强大的党。

《发刊词》号召梯弗利斯社会民主党人训练无产阶级的力量，以迎接未来决定性的斗争。

1月底，斯大林又主持巴库委员会通过他起草的《巴库委员会1910年1月22日的决议》。

决议鉴于国内形势和俄国社会民主党党内的状况，认为必须广泛开展党的政治鼓动工作，建议把实际领导党的工作中心移到俄国，创办在全国各地有联系的指导性报纸，在最重要的工人运动中心创办机关刊物，并提议把这些问题提交全党代表会议讨论。应当说这些问题提得是准确及时的。

接连被捕

1910年3月下旬，斯大林又被捕了。

这是他第三次"被捕"。

在宪兵上校给高加索总督的报告里说，约瑟夫·朱加施维里是巴库委员会委员，布尔什维克党最活跃、最坚强的领导者，他两次从流放地逃走，建议予以最严厉的惩办。

高加索总部因此做出决定：五年内禁止约瑟夫·朱加施维里在高加索居住。

这次的流放地仍然是索利维切戈茨克镇。

斯大林10月29日到达流放地，11月就与列宁取得联系，给国外中央写信，谈他对列宁与普列汉诺夫联盟及托洛茨基与马尔托夫等人的联盟的看法。认为列宁的联盟是有原则性的联盟，是从组织上清除取消主义的唯一办法。而托洛茨基的联盟则是腐朽的，没有原则性的东西，是各种不同原则的马尼活夫式的混合。

信中提出，党内意见分歧问题不是在辩论中，而是在工作中，在运用原则过程中解决的。

斯大林在这封信中还提议在国内成立"中央委员会俄国分部"，以消除各地互相隔离、灰心丧气的状况。

信中提的建议,发表的看法是斯大林这一时期关注的问题。

可以看出,斯大林不赞成无休止地争吵、辩论,而认为意见分歧是能够在运用原则的过程中解决的。

这无疑是对的。因为有的理论是非问题是越辩越明,但涉及理论与实践的结合问题、下一步政策的制定问题就只能先干起来再说,这些问题会随着实践的发展而迎刃而解的。无休止的争论,不仅于事无补,而且还会贻误革命事业。

斯大林在这期间给一个布尔什维克——弗·谢·博勃罗夫斯基写的信。

信中称列宁和普列汉诺夫的联盟同托洛茨基和马尔托夫的联盟之间的斗争为"杯水风浪",说工人对第一个联盟的态度是友好的,但是总的来说,工人对侨居国外的人开始感到厌恶。

信中提出,凡是关心运动利益的人都应行动起来,积极参加运动,不管与运动无关的事。

这里说的是工人的情绪,实际上表达了斯大林的一种情绪。应当说这是对前一封信里表达的思想的一种发展,一种极端化。斯大林在这里就表现了一种片面性:

首先是对"斗争"没有具体分析,一概斥责为"杯水风浪"。这说明斯大林对同取消派和调和派斗争的重要意义认识得不够深刻。不论是从当时看,还是从现在看,列宁与这两派的斗争都是必要的,也是及时的。从某种程度上可以说,没有这种斗争十月革命不知还要走多少弯路。

其次是把运动只理解为发动工人,搞宣传鼓动,号召人们起来推翻专制制度等,党内的思想斗争实际上也是运动的组成部分。

斯大林的这种狭隘看法,从客观上看,与他长期在国内从事实际斗争,接触的多是工人,没有把握运动的全局有关。

另外斯大林有一个主张，而且随着时间的推移这个主张越来越明确：这就是反对革命队伍内部的争论。

革命队伍内部的分歧在所难免，问题在于如何对待分歧。斯大林写这封信时是1911年1月下旬。这封信暴露出斯大林在党的思想建设方面的一个认识问题，即如何正确对待党内正常的思想斗争。

后来，列宁知道了这封信的内容。一次他在巴黎与奥尔忠尼启则谈及此事时说：

"你说，柯巴是咱们的同志，也就是说，他是布尔什维克，不会干有损于咱们的事。但是你怎么看不见他的摇摆不定呢？'杯水风浪'这种不伦不类的玩笑说明柯巴还不是一个成熟的马克思主义者。"

列宁的话有一定道理，但也说明列宁这时还不完全了解斯大林。

1911年6月27日，斯大林流放期满，免除了警察的公开监视。但他被禁止在高加索、省会和各工业中心居住。

斯大林选择了位于通往彼得堡大路旁的沃洛戈达作为居住地，并给列宁写信，说他打算在彼得堡或莫斯科工作。

还未收到列宁的回信，9月9日，他秘密潜入彼得堡与党组织接头时，又被捕了。

原来警察一直对他进行秘密监视。

10月中旬，他在狱中写了《俄国社会民主工党梯弗里斯组织领导小组宣言》，宣言鉴于梯弗里斯的孟什维克取消派势力较强，提醒梯弗里斯的工人阶级，同"取消派"划清界限，建立自己

1912年时的斯大林

的坚强巩固的无产阶级组织。

12月25日，斯大林被流放到沃洛戈达，受警察公开监视，期限三年。

1912年的2月中旬，奥尔忠尼启泽受列宁之托，专程到沃洛戈达来看望斯大林。

奥尔忠尼启泽告诉斯大林，在1912年1月召开的俄国社会民主工党第六次全国代表会议上，斯大林被任命为刚成立的中央委员会俄国局委员。

随后召开的中央委员会全会上，斯大林被缺席补选为中央委员会委员。

奥尔忠尼启泽说：

"这两项任命意味着你已经由一名党的工作者一跃成为中央领导人。这是你革命生涯中的重大转折。"

接着又说：

"我也是中央委员会俄国局的委员，以后我们可以并肩战斗了。而关于成立俄国局，列宁同志就是听取了你的建议。"

斯大林有些激动地说：

"听到这么多好消息，这鬼地方我一刻也不想呆了。"

2月29日，斯大林又从流放地逃走了。

3月初，他写了传单《拥护党！》与列宁写的传单《俄国社会民主工党竞选纲领》一起在全国各地广为散发。

奥尔忠尼启泽在基辅给列宁写信说，这两种传单都产生了很好的影响，人们非常欢迎。

斯大林在传单中强调，党要强大，首先要巩固地方组织，消灭涣散的手工业状态，不必追求党员的数量，关键在于党员的质量，在于地方组织内的同志能觉悟到他们所担负的事业的重要性，并遵循社会民主党的路线进行工作。

其次要有一个和地方组织有千丝万缕联系的、经常把消息传给地方组织，并把它们彼此联系起来的参与无产阶级斗争的有威信的中央委员会——

这就是革新和团结的党所应前进的方向。

此外传单还强调,要推翻沙皇制度,把国家从贫困和腐败中拯救出来,无产阶级和广大人民群众的觉悟是重要的。这是几年来一直萦绕在斯大林脑际的问题,而今终于可以一吐为快了。

3月上旬,斯大林南下到达巴库和梯弗拉利斯,组织外高加索布尔什维克的工作,以执行布拉格代表会议的决议。在这时,斯大林写了俄国社会民主工党中央委员会给各地党组织的第1号通知书,通知他们,中央委员会已完全组成。

斯大林又马不停蹄地从巴库前往彼得堡。4月1日途中斯大林在莫斯科停留,与先期到达这里的奥尔忠尼启泽会面。

在莫斯科期间,斯大林把莫斯科一部分党的工作者拥护布拉格代表会议决议和拥护新组建的中央委员会的决议寄往梯弗利斯;以俄国社会民主工党中央委员会的名义给德国和国际工人运动活动家、国际社会主义妇女运动领袖蔡特金写信,请她把她保管的俄国社会民主工党的经费交给中央委员会,以供党进行第四届杜马竞选活动用。

4月10日,斯大林从巴库来到彼得堡,与巴图林、奥里明斯基和波列塔耶夫等人共同筹办《真理报》。

4月22日,《真理报》正式出版,创刊号上发表了斯大林写的《我们的目的》一文,开宗明义地提出了办报的目的和方针。目的是捍卫工人事业的利益,方针是对敌人势不两立,在内部互相忍让,因为社会民主党工人中间的意见分歧在所难免,但在受剥削并毫无权利上是一致的,所以无产阶级要在斗争中团结起来。

文章提出,只要工人不仅同情报纸,而且积极参与办报,同心协力,只要报纸在同广大群众的接触中吸取力量,前进道路上的任何荆棘都不足畏惧。

可就在报纸创刊这天,1912年4月22日,斯大林再次被捕,距他从流放地逃出还不到两个月。

这次又判处流放三年，地点是纳雷姆边疆区。

斯大林在去流放地途中就下决心要逃走了。三年时间太长了，彼得堡还有那么多事情等着他呢。

9月1日，斯大林从流放地逃走，12日回到彼得堡。

他一面领导第四届国家杜马竞选运动（这是按列宁要求进行公开的合法的斗争），一面编辑《真理报》，夜以继日争分夺秒地忙碌着。

12月底，列宁派中央委员会委员斯维尔德洛夫到《真理报》任编辑，协助斯大林等人工作。

这样就使斯大林可以脱出身多从事其他工作了。

1913年1月下旬，斯大林写成了《马克思主义与民族问题》一文，列宁看后很满意稍作改动便推荐给《启蒙》杂志发表了。

发表时改名为《民族问题与社会民主党》，第一次用"斯大林"这个笔名。

1913年2月23日，斯大林出席《真理报》募捐音乐会，由于奸细马林诺夫斯基告密，斯大林又被捕了。

奸细马林诺夫斯基是奉沙皇保安机关的旨意混入革命队伍的，并在1912年布拉格代表会议上当选为中央委员。他断送了几百个极为优秀的忠诚战士，给布尔什维克造成巨大的损失。

就是由于马林诺夫斯基的作用，斯大林等人这次流放到冰天雪地的北极圈。

以列宁为首的党中央几次专门研究帮助他们逃跑，可马林诺夫斯基全报告给保安机关，使警察加强了监视，并扣下了外界寄去的钱和衣物，破坏了斯大林等人逃跑的计划。

这次，斯大林在流放地一直待到四年流放期满。

在流放的日子

1913年8月11日,斯大林到达图鲁汉斯克边疆区科斯季诺村。

先期来到这里的流放者斯维尔德洛夫等人为斯大林准备了房间,从他们不多的食物中拿出一部分给他,以示欢迎他的到来。

流放者们特别希望他做一个形势报告,谈谈彼得堡和莫斯科的情况,谈谈其他同志的消息。

斯大林对同志们的欢迎没有任何表示,他走进自己的房间,没有再出来。

在这里,斯大林暴露了性格中的另外一面:举止粗鲁,行为孤僻,不喜欢与人来往,有时让人觉得很不近人情。当然他也不是不喜欢与所有的人来往,只是在生活中择友比较苛刻,不轻易与一般人交往,只与合意的人交往。作为一般人这无可挑剔,但是作为领导者,这不能不算是弱点。

1914年3月上半月,斯大林被解至库雷卡村。同时被解至此的还有斯维尔德洛夫。

警察对他们的监视更加严密。库雷卡有十五户人家。斯大林和斯维尔德洛夫住的这个村中是最破旧简陋的,只有一间厨房,两间卧室。1914年3月22日斯维尔德洛夫在给别谢尔的信中写道:

新的地方条件更差，不是我一个人一个房间，而是两人，与我同住的是个格鲁吉亚人，叫朱加施维里，上一次流放时我们就已经认识了。他人不错，但是在日常生活中是个极端个人主义者。而我则主张要有起码的秩序。为此有时也心烦。但这还不是主要的。更糟糕的是我们的房间与房东的房间没有隔开，同出一道门。他们的孩子们整天待在我们这儿。有时还是挺影响我们的。

晚上房东及其他当地人也常来光顾。这里没有煤油，只好在烛光下读书学习。斯维尔德洛夫因身体不好，这里又没有医疗条件，不久便请求转到谢利瓦尼哈村去了。

库雷卡离斯大林的原流放地一百九十多公里，在北极圈内八十多公里，收不到邮件，要每隔上个多月步行到很远的地方去取。

这里夏季短暂，多蚊虫；冬季漫长严寒，多暴风雪，气温一般在零下五十多度。而且在短暂的夏季要为漫长的冬季储备食物。

在这里生活是艰难的。对一个生长在南方的人可以说难上加难。当然对于一个经历过五次流放的磨难和十几年惊心动魄、血与火的考验的地下工作者斯大林来说，这不过是为他三十多年人生阅历平添了一段北极的风采。

他很快就适应了这里的生活，喜欢北极那冷酷严峻的美和粗犷沉默的村民。村民们教他如何捕鱼打猎，如何贮藏越冬的食物。

他与村民们相处得很好。他的捕鱼技术长进得很快，他不像村民们总守在一个地方，而是不断地转来转去直至找到一个鱼多的地方为止。所以他常常能捕到很多的鱼，以致村民们以为他一定有什么魔力，于是欢欣豪爽地喊道："奥西普（这是村民们给他起的名字），你最懂鱼的语言！"

有一次，在捕鱼回家途中斯大林遇到了暴风雪，天地连成一片，举目白茫茫，只能看到几米远。他迷了路，蹚着没膝深的雪，顶着刀子刮般的北极旋风，艰难无目标地跋涉着。

"能遇到当地人就能找到家。"他抱着这个念头继续往前挪动。这时他碰见当地的两个农民，"有救了！"他不禁一阵惊喜。

可是使他奇怪的是，他们看到他撒开腿就飞快地跑开了。于是他凭第六感觉沿着农民们跑的方向走，总算到了家。他经历了一次极地暴风雪的洗礼。后来他才知道，当时他的脸上挂满了冰雪，农民们把他当成了恶鬼。

1915年年初，一个寒冷的极夜。为了解决与党团审判案有关问题和一些党务问题，当时也在图鲁汉斯克流放的斯潘达良夫妇从他们的流放地修道院村坐着狗拉的雪橇，沿着叶尼塞河行程二百公里去斯大林所在的库雷卡村。斯潘达良的妻子韦拉·什韦采回忆说：

> 我们的到来使斯大林异常高兴，他十分关切地询问我们的'极地旅行'，把我们让到他那间房间里最暖和的地方。
>
> 为了让我们吃得好些，就直奔叶尼塞河他下了大鱼钩的冰窟窿那儿。一会儿的工夫斯大林就扛着一条大鲟鱼回来了。
>
> 在他这个'经验丰富的渔夫'的指导下，我们很快就收拾好鱼，做好了鱼子酱和鱼汤。我们边吃饭，边讨论我们要解决的问题。
>
> 在斯大林的小房间里，我感觉到他的思想一点也没有脱离现实生活，而且是在十分紧张地工作。桌子上摊满了书，堆着一摞摞报纸。墙角的绳子上挂着各种用具、捕鱼和打猎的工具。

斯大林一到流放地就继续研究民族问题。1913年初冬就写了一篇文章，附在给阿利卢耶夫的信里，委托他把文章转给列宁。后来，他致信国外布尔什维克中央，报告他在写有关民族问题的文章。他还写信给列宁，说拟将小册子《马克思主义和民族问题》和《论民族文化自治》一文做些补充后用文集的形式发表。

十月风暴

1914年7月19日，第一次世界大战爆发了。

沙皇当局为了避免革命者趁战争之机暴动，开始大肆搜捕革命者，并把抓到的政治犯全部流放到西伯利亚最荒僻的地方。

以列宁为首的布尔什维克党中央远在瑞士，战争爆发后，边境被封锁了，一时难以与国内各地党组织取得联系。

面对这种情况，俄国各地党组织积极地行动起来，开始了反战斗争。

1916年12月中旬，沙皇政府开始征召政治犯入伍，斯大林也在被召之列。

他从北极圈被押到克拉斯诺·亚尔斯克。

体检人员发现斯大林左臂有残疾，征兵委员会因此免除他服兵役。

后来当局允许斯大林在阿钦斯克待到流放期满。

他来到阿钦斯克时已是1917年2月下旬。

这时，革命形势已发生了巨变：由于战争的影响，国内经济困难空前加剧，几乎到了全面崩溃的边缘。彼得格勒有几十家大企业因没有燃料而被迫停产；铁路陷入瘫痪状态，不能完成往城内运粮任务，致使城内食品供应急剧减少，工人和市民开始了为争取面包而上街游行示威。

2月25日，彼得格勒举行了规模更大的政治罢工，参加者有三十多万人。

布尔什维克党彼得格勒委员会决定举行武装起义,并印发了《致士兵兄弟们》传单,号召士兵站到工人方面来,一起同沙皇专制暴政做斗争。

2月26日,彼得格勒委员会的几名委员被捕了。中央委员会俄国局马上委托彼得格勒维堡区委代行职权,尽快组织武装起义。

2月27日,武装起义正式开始,起义工人得到了十多万名士兵的支持,他们攻占军火库,用大量武器武装了自己,增强了战斗力。

战斗到晚上,起义大军全部控制了彼得格勒,占领了所有要害部门。

起义大军逮捕了沙皇政府的官吏,把他们关进沙皇政府用来关押革命者的监狱里。

就这样,沙皇专制政府被推翻了。

当天晚上,彼得格勒工兵代表苏维埃第一次大会隆重开幕,宣告了二月革命的胜利。

由于孟什维克分子的干扰,3月2日,又成立了以李沃夫公爵为首脑的临时政府,形成了两个政府并存的局面。

3月8日,斯大林同加米涅夫、斯维尔德洛夫等人一起,乘火车离开流放地,返回了彼得格勒。

他们看到街上有很多欢庆的人群,有人还高唱《马赛曲》,激动的人们为二月革命胜利而欢呼。

斯大林离开火车站,与战友们辞别,直接来到了老战友阿利路耶夫家。

他身无分文,衣装破旧,唯一的行囊就是装有书籍的小箱子。

他瘦弱不堪,但精神很好,目光里仍然含有不太合群的孤傲。

见到阿利路耶夫,两个人热烈拥抱,激动得一时说不出话来。

阿利路耶夫一家在斯大林流放时一直与他通信。阿利路耶夫的小女儿娜佳怕他在流放地寂寞,还给他寄去一些介绍地方风光的明信片。

阿利路耶夫家还给他寄过棉衣和零用钱。

这天晚上，斯大林就住在了阿利路耶夫家，给全家人讲述流放的遭遇，让全家人都听得入迷了，特别是小娜佳两只大眼睛里充满了仰慕。

次日清晨，斯大林来到《真理报》社，又开始了紧张的工作。

没过几天，加米涅夫也来《真理报》工作了，由于他们两人加入，《真理报》的工作又提高到了一个新的水平。

这时，斯大林对临时政府的态度还摸不准，对党的下步工作也不十分明确，他急切地想知道列宁的观点，他料定列宁快回来了。

1917年4月3日，列宁一行取道德国返回祖国。

斯大林等领导人和工人代表一起到俄国境内第一站——白岛车站迎接，并陪同列宁回到彼得格勒。列宁在车站广场受到人们隆重热烈的欢迎。

4月4日，在彼得格勒塔夫利达宫，召开了布尔什维克党的领导工作人员会议，斯大林又出席了全俄工兵代表苏维埃会议的布尔什维克和孟什维克代表的联席会议。

列宁出席会议，并做了《论无产阶级在这次革命中的任务》的报告。这个报告就是著名的《四月提纲》。

在《四月提纲》中，列宁明确地指出：

目前既然沙皇专制制度已被推翻，政权已经归资产阶级掌握，那么俄国的资产阶级民主革命就基本完成了。

现在要解决的是广大人民群众的和平、土地和面包问题，因此必须及时把资产阶级民主革命转变为社会主义革命。

听完列宁的报告，斯大林眼前一片光明。是的，列宁就是党的不可缺少的山鹰，他总是站得高些，看得远些。

列宁的报告明确了布尔什维克党的任务，就是要从临时政府手中把政权夺过来，建立一个无产阶级专政的新的苏维埃政权。

任务明确了，《真理报》的方向也更明朗，在革命中的作用也日渐增强。

1917年5月，托洛茨基从加拿大的集中营回到彼得格勒，他向列宁表示他和他的区联派（联合社会民主党人区联组织）热烈地拥护列宁的《四月提纲》。

托洛茨基在《火星报》时期，曾经与列宁并肩战斗过，但在"二大"时他站在孟什维克一边反对列宁的主张，从此十几年反对列宁。

在托洛茨基的追随者中，有几个能人，如卢那察尔斯基、波克罗夫斯基、梁赞诺夫、越飞、尤里尼斯耶夫等。

这些人都是最早一批研究马克思主义的知识分子，并都具有相当卓越的领导才能。

托洛茨基的区联派的加盟，使列宁为首的布尔什维克队伍更加强大了。

托洛茨基的出现，让列宁身边的人都黯然失色，连斯大林的光芒也被遮盖住了。

布尔什维克的革命活动终于招来临时政府的镇压，7月4日，有近五十万人上街游行示威，却遭到军队的突然开枪射击，造成死伤四百余人的惨案。

随即，《真理报》被查封了，托洛茨基、加米涅夫和卢那察尔斯基被捕。

这时，要举行武装起义时机还不成熟，布尔什维克只能被迫重新转入地下。

临时政府为了迫害列宁，一面下通缉令，还悬赏他的首级，一面造谣说列宁是德国间谍，责令他去自首。

7月7日的晚上，列宁被斯大林安排到阿利路耶夫家，随后，奥尔忠尼启泽、斯塔索娃、诺根和克鲁普斯卡娅也赶来，大家坐下来商议对策。

按诺根的意见，让列宁去自首，在法庭上揭露敌人，教育不明真相的群众。

可斯大林第一个表示反对，他认为列宁去自首，等不到开庭就会被杀害。

他的意见得到了奥尔忠尼启泽的支持，后者还提出必须把列宁保护起来。

列宁开始也想去自首，还说如果中央同意，他可以到指定地点接受逮捕，但经众人劝说，他才改变主意。

当夜，斯大林和阿利路耶夫就护送列宁来到拉兹里夫车站附近叶梅利扬诺夫的家里。

斯大林郑重地对叶梅利扬诺夫说：

"党决定把列宁同志交给你们，这是对你们的信任！"

叶梅利扬诺夫激动地说：

"请党放心，只要我们家还有一个人活着，绝不会让列宁同志出事。"

从此，斯大林成为列宁和中央委员会秘密联络员。

列宁后来被隐藏在拉兹里夫湖畔的一个窝棚里，被装扮成芬兰的割草人。

列宁就是在这个简陋的窝棚里开始写作《国家与革命》的，并写出了《政治形势》《论口号》《答复》等文章。

8月8日至16日，布尔什维克党第六次代表大会在彼得格勒秘密召开，大会一致选举列宁为大会名誉主席，并把列宁写的小册子《论口号》发给每位代表。

会上，斯维尔德洛夫做了中央委员会组织报告，斯大林做了中央委员会的政治报告和"关于政治形势"的报告。

在这次会议上，区联派全部加入了布尔什维克党，当时在狱中的托洛茨基也成了布尔什维克党的党员，并被选为中央委员。

8月中旬，列宁又被转移到芬兰。

直到10月10日，列宁才返回彼得格勒，亲自领导和指挥了伟大的十月革命。

拥护列宁

列宁领导十月革命也不是一帆风顺的。

在10月10日晚举行的中央委员会上，就是否立即举行武装起义，委员们存在意见分歧。托洛茨基提出推迟起义时间，而加米涅夫和季诺维也夫公开表示反对武装起义，认为时机不成熟。

在辩论中，斯大林没多发言，等投票表决时，他投了支持列宁的票。

在这次会议上，斯大林被选进七人中央政治局，身列党的领导高层。

在随后不久的中央委员会秘密会议上，他又被选进领导武装起义的军事总部，身列五人之一。

十月革命最关键的是10月24日到10月26日。战斗从10月24日夜开始，一直到10月26日凌晨才攻占冬宫，期间二十多万赤卫队员和革命士兵参加了战斗。

在10月26日晚上，召开了全俄苏维埃第二次代表大会第二次会议。

会上通过了列宁起草的《土地法令》和《和平法令》，并选举了新的全俄苏维埃中央执行委员会，由加米涅夫任主席，委员共一百零一名。

会上又组建了新的政府机构——人民委员会。

列宁被任命为人民委员会主席（即政府总理）。各部部长称为"人民委员"。

斯大林为民族事务人民委员。布尔什维克党夺取了政权,要管理新的国家,斯大林像其他人一样一天忙得团团转。

作为民族事务人民委员的斯大林,确实是位称职的领导人。在俄国的一亿四千万人口中,有六千五百万人是非俄罗斯民族。很多边远地区的政治、经济、文化都相当落后,有的少数民族甚至还处于原始部落阶段。

可想而知,要改变这些地区的面貌,将是何等艰巨的任务。这对某些急于求成的人来说,是不愿做这件事情的。可是斯大林不同,他与边疆少数民族有一种特殊的感情。他懂得他们的语言,熟悉他们的生活习惯,他有极大毅力去组织和领导那里的人民。

斯大林以民族事务人民委员的名义,在《真理报》上发表《当前任务之一》一文,指出为了使落后的边疆地区的政权成为人民的政权,使劳动群众成为社会主义的劳动群众,必须采取特别的办法,把那里的劳动群众吸引到革命发展的过程中来,把群众的觉悟提高到苏维埃政权的水平,使他们的优秀代表和苏维埃政权融合起来。

斯大林认为,做到这一点的办法,是在边疆地区实行自治,建立地方学校、法院、行政和政权机关、地方社会政治机关和教育机关等,在社会政治工作中使用地方的、边疆地区劳动群众所熟悉的语言,把人民从资产阶级束缚下解放出来。

这项政策概括起来,就是这样一句口号:"民族的形式,社会主义的内容"。

可以说,这项政策不仅在俄国,而且在世界上都没有哪一个人提出过。这是斯大林独特的创造。

在此期间,斯大林还是第一部宪法起草委员会成员,参与宪法的起草工作。宪法其中的第11条就体现了斯大林倡导的关于民族自治的思想:以民族地域为单位建立联邦。

从民族事务人民委员部的建立，到各个边疆少数民族纷纷成立自治共和国的两年中，斯大林不仅表现出具有政治理论家的素养，而且还有脚踏实地的革命干劲。

在关键的时刻，他总是跟随列宁，尽管他自己有时也左右摇摆，举棋不定，但他最终总是站在列宁一边。

因此，列宁把斯大林看作是自己得力的助手。在各种民族代表团面前，他总是说："同斯大林谈谈吧。他清楚这个问题。他了解情况。同时讨论这个问题吧。"

的确，对于长期遭受沙皇统治的少数民族来说，斯大林如同革命的"圣人"，他指导他们如何争取自身解放，如何才能过上幸福生活。斯大林熟悉高加索土著人民的生活，与他们有共同的语言。他的威信在少数民族地区越来越高了，特别是在高加索、伏尔加河及亚洲地带，他都有崇拜者和追随者。

斯大林对民族理论很有研究，写的理论文章有很高的水平，这一点早已得到列宁的赞扬。在《民族生活报》创办以后，斯大林经常给它撰写社论、评论和党的生活札记等。斯大林的文章通俗浅显，简练明了，推理判断具有极强的逻辑性，它没有丰富的文学语言和情感色彩，但有更多的革命词汇，可以激发人的革命精神。但是客观地说，他与列宁、托洛茨基，季诺维也夫等人相比有些相形见绌，他不懂外语，没有流亡国外的经历。他似乎憎恨西方不愿去费力了解和自己不熟悉的西方事物。可是他的成长具有民族特色，他经常把希望寄托于东方人，也许由于自己也是东方人的原因。

斯大林在《民族生活报》第3号上发表《不要忘记东方》一文。其中写道：

共产主义的任务就是要打破东方被压迫民族数百年来的沉睡,用革命的解放精神来感染这些国家的工人和农民,唤起他们去反对帝国主义,从而使世界帝国主义失去它的'最可靠的'后方,失去它的'取之不尽的'后备力量。不这样做,就休想社会主义取得最后胜利,休想完全战胜帝国主义。

在处理纷繁的民族事务中,斯大林始终没有忘记坚持社会主义和苏维埃政权。

他认为,纯粹民族主义的自治形式对苏维埃政权是有害的,国家需要有一个能够彻底镇压社会主义的敌人、组织新的共产主义经济的强有力的全俄政权。

他的观点、立场离不开列宁的思想和模式。他根据列宁的思想,领导民族工作,亲自动笔起草论文、章程和各种决定。

这使他锻炼得既是一个革命实干家,又是一个政治理论家。这一段的历程为他后来的领袖生涯奠定了坚实的基础。

他除了要完成本职工作,还得随叫随到地协助列宁去处理一些紧要事务。

新政权诞生后,首先组织起强大的军事力量,粉碎了逃走的临时政府总理纠集起来的军队的反攻。

接着,摆在新政权面前的又一件大事就是如何对待正在进行的世界大战。1917年11月7日夜,列宁签署给俄国军队最高总司令杜鹤宁的电报稿,命令他立即向交战国军队司令部提出举行停战谈判的建议。

但杜鹤宁拒绝执行人民委员会的命令。

情况万分危急,因为杜鹤宁手里操纵着一千四百万军队,如果他与反动头子、临时政府总理克伦斯基联合起来,肯定会使新生政权遭到毁灭性打击。

许多人都感到束手无策，斯大林对列宁说：

"我看越早把那家伙撤掉越好。"

列宁当机立断，给杜鹤宁发出紧急电报，宣布人民委员会的决定，撤掉杜鹤宁总司令职务，并任命克雷连柯接任总司令。

随后，列宁和斯大林，克雷连柯来到陆海军电台，广播了列宁起草的《致各团、师、军、集团军等委员会，全体革命陆军士兵和革命海军水兵书》。

列宁号召士兵和水兵担负起停止战争、争取和平的使命，维持前线的秩序。列宁在关键时刻的沉着、果断给斯大林留下了深刻的印象。

11月20日，由托洛茨基、克雷连柯、越飞等人组成的谈判代表团来到德军司令部所在地布列斯特，与德国进行停战谈判。

12月2日，俄、德双方签订了临时停战条约。条约规定：缔约双方停止军事行动并保证军队不作任何调动；于1918年1月1日之前实现停战。

停战条约一签订，战场上宁静了，士兵们似乎看到了和平的曙光。

但如何把临时停战，变成持久的和平，这是摆在新生苏维埃政权面前的大问题。

列宁发电报，指示谈判代表团早日与对方缔结和约，把苏维埃俄国从战争中解脱出来。

但在12月18日举行的关键性谈判时，德国代表突然出示了一张重新标明国界的新地图，在新地图上俄国的大片领地划归了德国。

苏俄代表团团长托洛茨基立即被激怒了，他宣布中止谈判，立即给列宁打电报，提出了一个不战不和的方案，要求中央对此事拿出具体意见。

列宁也很为难，他知道摆在苏维埃俄国面前的只有两种选择：要么与德国及其盟国签订对自己极为不利的苛刻条约，以换取生存的条件；要么同比自己强大的敌人作战。

列宁选择了实行妥协，而不是继续作战。他的妥协决策是从保住新生的苏维埃政权的角度出发的。因为只有保住了革命政权，才能谈得上发展国家和收复失地。

然而，列宁的妥协决策并不是所有的人都理解的，他的主张遭到了许多人的反对。

孟什维克等一些反对派甚至造谣，说列宁和布尔什维克被德国政府收买了，签订和约就是把俄国出卖给德国。

在这种形势下，托洛茨基提出了不战不和的策略，他急切地催促列宁尽快给予答复。

1918年1月3日，托洛茨基又来电报催促，列宁回电告诉对方：你们的计划可以讨论，等与斯大林商量以后再答复你们。

列宁随即与斯大林商量对策。

这时，斯大林已是中央常务局四位成员之一，另三位是列宁、托洛茨基和斯维尔德洛夫。

可以说，这个四人小组就是中央的领导核心。

"斯大林同志，你是什么意见？"列宁同志问斯大林。

斯大林想了想说：

"能不能让托洛茨基同志中断一下谈判，让他回来，我们开会研究一下。"

列宁点了下头，说：

"是应该听听委员们的意见。"

于是，电告托洛茨基中断和谈，返回彼得格勒。1月8日，在彼得格勒举行了中央委员会委员和党的工作者会议。

会上列宁读了《关于立刻缔结单独的割地和约问题的提纲》，表明缔结和约的主张，让与会者对此进行讨论。

结果讨论变成了激烈的争论，分歧很大。

列宁最后决定投票表决。投票结果主张作战的有三十二票，主张不战不和的有十六票，主张缔结和约的有十五票。这次斯大林投了不战不和票，他不想反对列宁，可一时又难以接受缔结和约。

列宁没有妥协，相信自己的选择是正确的，于是在1月11日，又召开了中央委员会议，再次让与会者讨论战争与和平的问题。

在这次会议上，那些主战派见列宁坚持不战，他们作战希望可能落空，就转而支持托洛茨基提出的不战不和策略。

在投票表决时，主张不战不和的九票，主张签订和约的七票。斯大林这次支持了列宁的妥协决策，因为经过两次会议的争论，他被列宁说服了。

他不喜欢辩论，只愿意一个人静静地思考。在此后的一系列会议上，他坚定地站在列宁一边，拥护列宁的决策。

列宁终于胜利了，3月3日，苏德签订了《布列斯特和约》。

而列宁更大的胜利是在同年的11月，德国在大战中战败，列宁建议苏维埃政府宣布废除《布列斯特和约》，把失去的领地全部收了回来。

转战沙场

《布列斯特和约》签订了，但列宁领导的布尔什维克党所争得的和平喘息时机没有持续多久。

苏俄同德国及其盟国缔结和约，使协约国（英、法、美等）深为不满。所以，尽管协约国还没有取得对同盟国集团的胜利，但还是决定武装干涉苏维埃俄国，其目的是帮助俄国境内的反革命势力打败苏维埃政权，侵占俄国的领土，并迫使俄国继续参加战争。

1918年3月，英、法、美三国军队在俄国北部登陆，占领了阿尔汉格尔斯克和摩尔曼斯克，扶持那里的白军叛乱，成立白匪的"俄国北方政府"。

4月，日本和英国军队在远东边疆区登陆。

5月，在顿河一带，克拉斯诺夫将军和马蒙托夫将军发动顿河哥萨克叛乱，占领顿河地区，开始向苏维埃政权大举反攻。

5月底，由战俘组成的捷克斯洛伐克军团，受协约国的挑拨和利用发生叛乱。这支四万多人的叛军在协约国的援助下战斗力极强，到6月初，他们已经攻占许多地方，最要命的是他们占领了苏维埃共和国一些重要的粮食基地。

1918年苏俄饥荒笼罩，富农和投机商人把粮食囤积起来，制造饥荒，阴险对抗新生苏维埃政权。

在饥荒严重的夏天，列宁都吃不饱（把食品送给了别人），管粮食的粮食部长饿晕在自己的办公室里。

外有大军压境，内有叛乱不断，又缺粮少兵，新生的苏维埃政权面临严峻考验。

但列宁所领导的布尔什维克没有屈服，成立了以托洛茨基为主席的革命军事委员会，全国动员，全民皆兵，组成多条战线，奋起抗击外国的武装干涉和叛乱的白军。

同时，组成若干支征粮小队，带着武器强行从富农和商人手中征粮，并发动贫农加入征粮队伍，所征粮食除留些自用，全部上交国家。

为了应付战争环境，经列宁提议，苏维埃政府在1918年3月，把首都从彼得格勒迁到了莫斯科。

战事危急，苏俄领土已被敌人占领了四分之三，列宁提出了"一切为了前线"的口号，全国统一实行"战时共产主义"政策。

到1918年夏天，首都只剩下列宁、布哈林和斯维尔德洛夫三位主要领导人。其他人民委员（部长）等都到前线作战去了。

斯大林正战斗在察里津。

察里津是北高加索一带的交通枢纽，由于被白军控制了，切断了北高加索"粮仓"同莫斯科的联系。而新首都严重缺粮，人们正在挨饿。

列宁从军事和征粮两方面考虑，决定派斯大林去察里津完成征粮和运粮命令。

对斯大林此行，列宁授予了他"特权"，明确规定：

南俄各地方各区域人民委员会、工农兵代表苏维埃、革命委员会、各司令部和各部队长官、各铁路机关和车站站长、各内河和海上商船的组织、各地邮电和粮食机关、所有的专员和代表均须执行斯大林同志的命令。

斯大林一到察里津就采取果断措施：

一是对粮食实行配给制和固定价格；

二是把那些腐化堕落和办事不力的官员撤职；

三是解散了一些不必要的重复机构；

四是严厉打击抢劫运粮火车的人。

斯大林断然下令：

如果有人敢抢粮食，就把他们的村庄烧毁。

斯大林（1918年）

由于措施得力，第一批五车皮粮食很快运回莫斯科。

这时斯大林不满意军事方面的配合了，他直接参与了军事领导，将分散的部队联合起来，组建一些新的师团、特种部队和装甲列车部队，建立工人民兵队伍。他对那些指挥不力的旧军事专家毫不手软地严惩。

斯大林根本就不信任这些沙俄时代的军官们会真心实意地帮助布尔什维克。

这一点与托洛茨基是有分歧的。斯大林在给列宁的信中说：

我在督促并责骂所有该督促和责骂的人，相信很快就能恢复。尽可放心，我们不宽恕任何人，不论自己或别人，粮食总会运去。如果我们的军事'专家们'（饭桶！）不蒙头睡觉，游手好闲，线路就不会被切断；如果线路恢复，那也不是亏了军事专家，而是由于反对了他们。

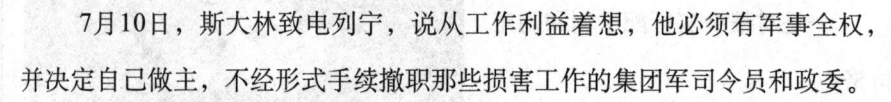

7月10日，斯大林致电列宁，说从工作利益着想，他必须有军事全权，并决定自己做主，不经形式手续撤职那些损害工作的集团军司令员和政委。

第二天，他致电列宁，他已经完全承担起军事责任，并已经把那些办事不力或不称职的指挥员和军事专家撤职了。

斯大林的"独断专行"，引起了身为军事委员会主席的托洛茨基的不满。托洛茨基给列宁打电报，坚决要求把斯大林调回莫斯科。

列宁的日子也不好过，左派社会革命党人策划了叛乱，炸死了德国驻俄大使，企图重新挑起德国对俄战争。

叛乱刚平息不久，列宁本人在演讲时又遇刺，中了两枪，差点丧命。

斯大林获悉很生气，给肃反委员会的捷尔任斯基拍电报，建议立即行动起来，用红色恐怖抵制叛乱分子的白色恐怖，并说恐怖在革命时期是绝对必要的，难道应该对杀害战友的敌人仁慈吗！

随之，群众性的恐怖行动开始了，并很快在全国展开，仅彼得格勒就有五百多反革命及嫌疑犯被处决。

就是在这血腥时期，沙皇尼古拉二世及其家属在囚禁地全被处死。

"红色恐怖"大镇压，对巩固新生政权起到了重要作用。

列宁在接到托洛茨基几次电报催促后，决定把斯大林调到莫斯科。他特意让斯维尔德洛夫代表中央乘专车接斯大林，这表明列宁本人和中央对斯大林在察里津的工作是满意的。

斯大林10月乘专车返回莫斯科，被安排到共和国革命军事委员会任职。

12月，东线又起新的战势，由原海军上将高尔察克组成的白军占领了乌拉尔重要城市彼尔姆，并迅速推进，有可能与北线的英、美、法军队会师。

列宁决定派斯大林去东线扭转危局，斯大林提议让肃反委员会的捷尔任斯基与他一同去。

他说："仗打不好，首先是指挥员无能！而我的战士是英勇的！"

1919年初，斯大林和捷尔任斯基来到东线。他向列宁报告说，东线的第3集团军简直是一团糟，部队的革命军事委员会由两人组成，其中一个委员指挥作战，另一个委员始终没弄清楚他应该干什么，部队士气低落，纪律涣散。

斯大林针对这些情况，采取果断措施，首先把对失败承担责任的人交付军事法庭，又解除了软弱无能的集团军司令和政委的职务。

红军的政治工作得到加强，重振了士兵的士气，增强了纪律性，又重新制订了作战计划。

在随后的大反攻中，连战连捷，终于扭转了东线危局，粉碎了高尔察克白军企图与北线英、美、法军队会师的计划。

5月，尤登尼奇率领的白军对彼得格勒发动疯狂进攻，与此同时，邓尼金的白军接连冲破红军防线逼近首都莫斯科。

列宁亲自组织抗击邓尼金的军队，急令斯大林速去解彼得格勒危急。

斯大林来到彼得格勒战线，他把不胜任的指挥员撤职，把他认为对败局负有罪责的人送交法庭，又派出肃反人员，整肃管理机关，枪决阴谋者和叛变的人。

他的做法受到西方面军的军事委员奥库洛夫的指责，斯大林态度强硬，求得列宁支持，把奥库洛夫撤职。

很快，尤登尼奇的白军被击溃，解了彼得格勒危急。

但是邓尼金军队的进攻势头仍然未得到有效控制，10月，斯大林被中央派到南方战线对付邓尼金。

斯大林到达南方面军司令部，研究完作战计划，立即给列宁写信，批评新任司令员的作战计划，坚持采用原司令员的作战计划。并说："不这样做，我在南方战线的工作就成为毫无意义的、罪恶的、不必要的工作了。这就给我权力，或者更确切些说，这就让我随便到什么地方去，甚至到魔鬼那里去，只是不要留在南方战线。"

斯大林没有离开南方战线，他的作战计划得到了中央批准。

经过半年多的激战，邓尼金的白军终于被击溃，他把对残兵败将的指挥权交给弗兰格尔将军，自己逃到土耳其去了。

弗兰格尔收拾残部退守克里木，伺机再战。

红军收复了失地，却未能一举把弗兰格尔的残部消灭干净，留下了后患。

斯大林1920年3月返回莫斯科，对他在南方面军的出色表现，列宁表示满意，特意让他好好休息几天。

可是，斯大林并未休息多长时间。5月6日波兰对苏俄宣战，并出兵攻占了乌克兰的首都基辅，并对第聂伯河地区猛攻。

列宁早就预料到波兰会在协约国的挑拨和援助下向苏俄宣战，并提醒了托洛茨基，可托洛茨基不同意列宁的看法，以致未做好相应的备战，所以，战争初期红军陷于被动。

为了配合波兰军队进攻，退守克里木的弗兰格尔残部又扩充到两万多人，加上哥萨克一万多人的支援，在南线发起了进攻。

5月下旬，斯大林被派到西南方面军，专门对付弗兰格尔的白军。

斯大林来到前线，感到战势危急，他请求增援，但列宁没有同意。

列宁和中央把对波兰军队的战斗视为主战场，认为斯大林那边只是顶住白军进攻就行了。并不同意这时候调集重兵除掉这股白军，收复克里木。

面对这种情况，斯大林只好率领西南方面军进行苦战。

6月初，红军对波兰军的战斗有了进展，在接连几次成功反击后，波兰军连连后退，红军步步进逼，在7月底，红军跨过国界进入波兰北部。

华沙的攻陷好像指日可待。

党内的许多人都被胜利冲昏了头脑，想攻陷华沙，在波兰建立一个全力支持革命的共产党政权。

斯大林对进攻华沙的前景不看好，他认为波兰人民还没有革命准备，或者说，面对外敌入侵，波兰人民会不会一致对外，如果波兰国内不革命，华沙就不容易攻陷。

他和其他一些人的反对意见没能阻止红军高层指挥官的决心，为了进攻华沙，竟然要从斯大林的西南方面军抽出军队去增援西方面军，对此斯大林很是生气，他电告列宁，如果那样，他对克里米亚防线的一切后果都不负责任。

列宁见斯大林反应激烈，就建议从别处抽调三个集团军增援西方面军，而西南方面军仍执行原来的任务。

结果，红军先头部队进攻华沙受挫，后援部队遭到敌人的反攻，难以增援，致使先头部队在孤军作战的情况下落败。

很快，波兰与苏维埃俄国签订了合约。

大批红军从波兰战场抽调出来，全力进攻弗兰格尔的白军，到1920年的11月，终于击溃敌军，解放了克里木。

至此，内战结束，庆祝大会上，托洛茨基和斯大林都获得了红旗勋章。

如果说在十月革命时托洛茨基的光芒遮盖了斯大林，在内战后，他们应该是并驾齐驱了。

故乡·起义

民族事务方面的工作一直是斯大林工作的重要组成部分。他一心想把边远地区的人民，包括自己家乡的格鲁吉亚人民团结在党中央周围，不希望也不能容忍少数民族以任何理由搞独立。

可恰恰是他的家乡格鲁吉亚与中央集权制发生了激烈冲突。

1920年11月，内战刚结束，斯大林征尘未洗，便又匆匆忙忙来到了巴库。

因为他派到这里的高加索局的负责人奥尔忠尼启泽给他发电报，说格鲁吉亚政府在不断搞争取独立的煽动。

斯大林在巴库受到当地组织及领导人的热烈欢迎，他在人们眼里不仅是莫斯科的高级官员和最高统帅列宁的使者，更是家乡的无产阶级革命的领袖。

斯大林却对家乡缺乏人们期待的那种热情，他面无表情，仿佛在冷静地审视着家乡的一切。听完奥尔忠尼启泽的汇报，他说出了一句惊人的、却是在来时路上深思熟虑的话：

"该是让他们归还政权的时候了！"

在场的每个人都明白了，斯大林要把格鲁吉亚的政权从孟什维克手里夺过来。

奥尔忠尼启泽笑了，说：

"你的那些老乡可能还以为你会对他们有所照顾，甚至还可能希望你会维护本民族的利益……"

斯大林打断了对方的话，说：

"可他们应该知道我是代表党，代表列宁同志来的！我们不能容忍任何敌视苏维埃政权的态度，要搞独立决不允许！"

随后，斯大林给列宁写信，建议中央支持用武力把格鲁吉亚政权从孟什维克手中夺过来，要求革命军事委员会给予军事援助，并在信尾急切地要求尽快答复。

信发出去之后的一天，斯大林早年的亲密战友、他的前妻的哥哥斯瓦尼泽闻讯来看斯大林。

斯大林与斯瓦尼泽握了握手，微笑着说：

"你还好吧？父母身体怎么样？"

斯瓦尼泽笑着说：

"都还好，他们还不知道你回来。我是在党的会议上听说的，我们正遵照你的指示在为武装起义做准备"。

两个人落座，斯大林又说：

"列宁同志会派来红军援助我们，起义会成功的。"

斯瓦尼泽说：

"你不准备回老家看看你母亲吗？还有你的儿子雅科夫，你一定认不出他了，他正在梯弗里斯读中学。"

斯大林眼睛里闪过一丝温情，淡淡地说：

"现在还没时间。"

这天，斯大林留斯瓦尼泽在他这里吃了晚饭，和他们一同吃饭的还有奥尔忠尼启泽，他们喝了一点酒，席间斯大林对家事绝口不谈。

不长时间，列宁给斯大林来电报，说他已经责成第11集团军对格鲁吉亚的起义进行援助。1921年初，斯大林亲自领导和指挥格鲁吉亚劳动者和布尔什维克，发动了反对孟什维克政府的武装起义。

三天后，红军第11集团军进入格鲁吉亚，确保了武装起义大获全胜。

随后，莫斯科又派来大批干部接管当地工作，肃反委员会派出政治警察，清除了反对派领导，在巴库树立了以奥尔忠尼启泽为代表的俄共（布）中央高加索局的权威。

斯大林对这次自己一手策划的夺权胜利感到很满意，心情也像好了些。

几天后，在奥尔忠尼启泽等高加索局领导人的陪同下，他回到梯弗里斯。

他在梯弗里斯只是一走一过。到墓园拜谒了昔年革命的引路人克茨霍韦利和楚卢基泽，到前妻家里看望了岳父岳母，到梯弗里斯正教中学看了儿子雅科夫。儿子已经十三岁了，是在姨妈家长大的。

在校长办公室里，斯大林叼着烟斗，看见被斯瓦尼泽领进的儿子，上下打量两眼，说：

"嗯，真像个大小伙子。"

儿子显然很激动，眼睛里噙满泪水，一时不知道说什么好。

斯大林却站了起来，说：

"好了，我该去看你奶奶了，你以后可以给我写信。"

离开学校，一行便驱车赶赴斯大林阔别十八年的故乡哥里。到哥里已是晚上，由于事先未通知，奇里小城谁也不知道这位大人物悄然归来。

斯大林已经十八年没看见母亲了。他也没给母亲写过信，因为母亲不识字。

他只在给斯瓦尼泽的信中，让斯瓦尼泽去告诉母亲，他还活着。

一行人来到这座又小又破的小房前，斯大林说：

"这就是我的家，房子是租的……"

斯瓦尼泽说：

"我已经替你买下了。"

他们进屋，显得很拥挤，见母亲正在吃晚饭，两个黑面包，还有一点像咸菜的食物，外加一碗稀饭。

"大娘，索索回来看你来了。"斯瓦尼泽对母亲说。

母亲看上去仍然很健康，已经六十多岁了，脸上增添了许多岁月雕刻的皱纹，头发有一多半已经白了。

斯大林见母亲要从长凳上站起，他过来按住母亲，顺势坐到长凳上，说：

"妈妈，跟我到大城市享福去吧，我住的房子比这宽敞多了。"

母亲默默地握住他的手，端详着他，眼睛里闪着泪花，说：

"我不去，这儿不挺好吗。房子也让孩子他舅替我买下来了，他还经常给我些零用钱。你还好吧？见没见到雅科夫？我孙子可知道心疼我了，一有空就来看我。唉，就是他妈妈走得太早了……"

斯大林说：

"我见过雅科夫了，你如果不同意跟我去，我可以安排你去梯弗里斯居住，那样也方便你孙子看你。"

母亲点了点头，说："那倒挺好，可是在省城租房子会需要许多钱吧？"

奥尔忠尼启泽在一旁说：

"组织会帮助你解决的。"

母亲一怔，说：

"组织？组织是谁呀？"

斯瓦尼泽笑了，说：

"大娘，我没告诉你，你的索索已经出息了，当了国家大官了。"

母亲却叹了口气，说：

"多大的官我也不稀罕，我就想让他当神甫，可他还是没当上。"

斯大林返回莫斯科后，奥尔忠尼启泽等人把母亲安排到梯弗里斯郊区的一座旧式庄园里。老人只占据一间低暗的卧室，窗户很小，家具是原来的旧凳，外添了一张铁床。

老人谢绝了为她派用人照顾，坚持一个人过着清苦的日子，直到1936年去世。

悼词·宣誓

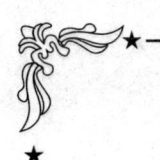

1921年3月8日,俄共(布)第十次代表大会召开了。在这次党代会上,斯大林被选入主席团,他对列宁提出的新经济政策给予支持。

会上派别斗争很激烈。托洛茨基派仍然坚持"工会国家化"的主张,遭到了列宁等人的批评,对此,斯大林坚决支持列宁。

托洛茨基"十大"会议上受到批判后一蹶不振,只埋头于经济工作和理论研究,很少过问政治局的工作。

他的支持者也在中央领导层纷纷落选,取而代之的是斯大林所信赖的支持者:如新当选中央委员的伏罗希洛夫、莫洛托夫、古比雪夫、奥尔忠尼启泽、基洛夫、卡冈诺维奇等人。

这些人已陆续被安排到斯大林重点管辖的少数民族地区工作:

奥尔忠尼启泽是中央高加索局的领导人,卡冈诺维奇、基洛夫、莫洛托夫、米高扬分别是土耳其斯坦、阿塞拜疆、乌克兰、亚美尼亚地区的领导人。

斯维尔德洛夫在1919年病逝,托洛茨基又受到列宁的冷落,斯大林在党和政府中的地位越升越高,权力越来越大。

他是政治局五人中的委员,又兼管组织局,同时,又被任命为国家工农监察院委员。

组织局负责调配和任命党的干部,以及行政事务。

工农监察院是防止领导层官僚腐败的监督机构,它凌驾于其他委员部之上,有一批无事不管的政治警察,有权控制国家各机构的人事和工作。

简单地说,斯大林有权查处领导干部,也有权任命调配领导干部。

对斯大林这样大的权力,曾在书记处任职的托洛茨基的支持者普列奥布拉任斯基当面问列宁说:

"一个人怎么在兼任两个人民委员(部长)职务的情况下,还能搞党的工作?"

列宁承认这是很难的,但他认为这种做法是一种无奈的选择。

他说:"这些都是政治问题,我们正在解决这些问题,我们必须要有一个任何民族的代表都可以与之接近并详尽说明问题的人。

1922年斯大林看望病中的列宁

"我们从哪儿去找这个人呢？除了斯大林同志以外，我不信普列奥布拉任斯基可以提出任何别的候选人来，工农监察院的情况也是如此。

"这是一项艰巨的工作！然而，为了做好监察工作，必须有一个有权威的人来领导，否则我们将会陷入困境，湮没在卑劣的阴谋中。"

既然列宁做出这样的解释，还有谁能不信服呢？

到1922年4月2日，俄共（布）第十一次代表大会闭幕。次日举行中央全会，全会通过关于设立党中央总书记和两名书记的职务的决定。

全会任命斯大林为党中央总书记，莫洛托夫和古比雪夫为党中央书记。

列宁参加了这次中央全会，并亲自起草了《关于书记处工作安排的决定草案》，其中指出：责成斯大林同志立即给自己物色几名副手和助手，使他解脱苏维埃机关的工作（除原则性的领导外）。

4月25日，为了斯大林能集中精力做好党中央总书记的工作，人民委员会决定免去他工农监察院人民委员的职务。

列宁这么安排实际上是削去了斯大林的一些实权。因为列宁在世时，总书记一职并不是党的最高领袖，总书记的作用是负责处理和协调各部门之间的关系，为党的会议提供文件和服务，做好秘书处的行政事务工作。

可以说这一职务别人并没有看重，所以加米涅夫才提名让斯大林干。

可书记处到了斯大林手中却不一样了，变成了权力极大，机构复杂的机关，从1919年的三十人，增加到1922年的六百多人。

因为斯大林兼管组织局，而且在工农监察院又有一批支持者，使他获得"无限权力"变成可能。而帮助斯大林获得"无限权力"的主要还是列宁身上的病魔。

残酷的内战几乎耗尽了列宁的精力，和平时期的重担和党内斗争也让他一刻不能轻松。更要命的是他遇刺时还有一颗子弹藏在他的体内，而那颗子弹是用毒水浸泡过的，一直在不断摧残他的肌体。

到1921年，列宁的脑血栓症就出现了，但繁重的工作只能使他隐瞒自己的病情。

到1921年底，他不得不休假治疗。

1922年12月13日上午，列宁再次发病。医生劝告列宁全休静养，接受治疗，不能参加任何会议。

但列宁怎么能"全休"呢？他仍然口授给斯大林和中央全会的信，批驳布哈林提出的关于用高关税取代垄断制的论点。

列宁在重病期间，有两个问题与斯大林发生了争议。

第一个问题就是外贸垄断制问题。列宁一直坚持对外贸易垄断制，而斯大林和财政人民委员索柯里尼柯夫等人不同意对外贸易国有化。

这个问题最后斯大林做了让步，国家继续实行对外贸易垄断，也就是说采纳了列宁的意见。

第二个问题是民族的问题，也是两个人意见分歧最大的问题。

列宁一贯主张民族自决，提倡对少数民族采取让步和宽容政策。

而斯大林却主张由俄罗斯苏维埃联邦共和国统一对加入它的各民族自治共和国行使主权，建立中央集权制国家。

简单地说，列宁主张"放权"，斯大林主张"集权"。

由于民族问题，又引发了奥尔忠尼启泽出手打格鲁吉亚共产党领导人的事件。

列宁知道后很生气，病也加重了。

斯大林从来没与列宁正面争辩过什么，观点不一致时，他也顺从列宁，常常在关键时刻投票支持列宁。

而对民族问题，斯大林没有让步，他又知道无法说服列宁，所以也不与列宁面对面交锋。

重病的列宁于是就口授给代表大会的信，建议把斯大林从总书记的职位上调离。

他提这一建议也是为了避免去世后,斯大林与托洛茨基为了夺权而使党分裂。

列宁重病期间秘密口授了《给代表大会的信》《关于民族或"自治化"问题》《日记摘录》《论合作社》《论我国革命(泽尼·苏汉诺夫的札记)》《我们怎样改组工农监察院》《宁肯少些,但要好些》等文献和文章。对此,史称《政治遗嘱》。

1924年1月21日晚,列宁与世长辞,享年五十四岁。

悼念列宁的活动十分隆重。在追悼会上顶数斯大林的悼词震撼人心,特别是悼词中的"宣誓"部分:

> 列宁同志和我们永别时嘱咐我们要珍视党员这个伟大称号,并保持这个伟大称号的纯洁性。列宁同志,我们谨向你宣誓:我们一定要光荣地执行你的这个遗嘱!
>
> 列宁同志和我们永别时嘱咐我们要保持党的统一,如同保护眼珠一样。列宁同志,我们谨向你宣誓:我们也一定要光荣地执行你的这个遗嘱!
>
> 列宁同志和我们永别时嘱咐我们要保护并巩固无产阶级专政。列宁同志,我们谨向你宣誓:我们也一定不遗余力来光荣地执行你的这个遗嘱!
>
> 列宁同志和我们永别时嘱咐我们要竭力巩固工农联盟。列宁同志,我们谨向你宣誓:我们也一定要光荣地执行你的这个遗嘱!
>
> 列宁同志和我们永别时嘱咐我们要巩固并扩大共和国联盟。列宁同志,我们谨向你宣誓:我们也一定要光荣地执行你

的这个遗嘱！

　　列宁同志和我们永别时嘱咐我们要忠实于共产国际的原则。列宁同志，我们谨向你宣誓：我们一定奋不顾身地来巩固并扩大全世界劳动者联盟——共产国际！

　　在全苏维埃第二次代表大会上还通过了以下各项决议：
出版《列宁全集》；
规定1月21日为列宁逝世纪念日；
将彼得格勒改名为列宁格勒；
在莫斯科红场建造列宁墓，永远保存列宁遗体，供人瞻仰；
在各加盟共和国首都以及列宁格勒和塔什干市建立列宁纪念碑。
　　1月27日上午9时到10时，列宁灵柩由工会圆柱大厅转到红场安葬。下午4时，全苏联人民停止一切活动五分钟。在哀乐、汽笛和礼炮声中，斯大林同俄共（布）中央政治局的其他委员们一起，将列宁的灵柩移至陵墓。

有惊无险

列宁英年早逝,那么谁将是苏联未来的一把手?列宁对谁是自己的接班人这问题曾经和托洛茨基说过这样的话,如果我们两个人在战场上牺牲了,斯维尔德洛夫和布哈林能主持大局吗?

言外之意,列宁那时的视野中,他的接班人有三个人:托洛茨基、斯维尔德洛夫、布哈林。

斯维尔德洛夫已经去世了,那么被列宁视为可以接他班的就剩下了托洛茨基和布哈林。

而有实力与斯大林竞争的,除了这两位,还有两位就是季诺维也夫、加米涅夫。

当时政治局的七名成员,除包括斯大林和上述四人还有李可夫和托姆斯基,这两个人是布哈林一派。

列宁刚去世,斯大林很注重对列宁的宣传。他1月28日,到克里姆林宫军校学员晚会上发表演说,题为《论列宁》,回忆自己与列宁交往的亲身经历,盛赞列宁的"山鹰"精神,革命天才,远见卓识,以及相信群众坚持原则的高尚品格。

斯大林进而又号召并掀起了"为纪念列宁而吸收党员"的运动,于是成千上万的工人纷纷入党,短短三个月里,党员人数从四十八万猛增到七十三万多。

随后,斯大林撰写了一本宣传列宁主义的教科书《论列宁主义基础》,以此献给为纪念列宁而入党的同志们。

在斯大林号召宣传、纪念列宁的时候,托洛茨基在干什么呢?

托洛茨基一直在高加索疗养,列宁去世、安葬他都没有参加。当他知道列宁去世后,只在《真理报》上发表了简短的电文,其中说:

"党失去了父亲,工人阶级失去了父亲,这就是我们的导师和领袖逝世消息所激起的感情。"

在俄共(布)第十三次代表大会召开之前,斯大林受到了一次几乎是致命的打击。

列宁的妻子克鲁普斯卡娅,在大会之前的预备会议上突然公布了列宁"政治遗嘱"中的《给代表大会的信》。

这份绝密材料事先谁都不知道。

在这份材料中,列宁对党内几位主要领导人都做了评价,并建议把斯大林从总书记的职位上调离。

对这突然的打击斯大林毫无防备,犹如灭顶之灾降临到他头上。

在当时,列宁的话几乎是不容置疑的。

会场静了有几分钟,还是季诺维也夫先开口打破了沉默:"列宁的每一句话对我们都是法律。我们已经宣

任总书记时期的斯大林

誓去完成列宁在临终前所命令我们做的每一件事情，我们将信守那个誓言。"

随之，季诺维也夫出人意料地话锋一转：

"但是，我们可以愉快地说，列宁所担心的事情中，有一点已经证明是没有根据的。我指的就是关于我们总书记的那一点。你们所有的人都看到最近几个月来我们之间的密切合作，你们也会像我一样愉快地说：列宁的担心已经证明是没有根据的。"

季诺维也夫这一番话无疑是救了斯大林。

随即，加米涅夫表示：应当让斯大林继续任职，没有必要在代表大会上公布这份遗嘱。

斯大林这时才缓过神儿来，表态说：

"我们还应该按列宁同志的遗训办事，我应辞去总书记的职务，让别人干吧。"

其他政治局委员劝说他不要辞职，要继续为党工作。

托洛茨基自始至终保持沉默。

接下来，关于是否把这份遗嘱在大会上公布发生了分歧。经举手表决，斯大林等人以多数对托洛茨基等人的少数，决定列宁《给代表大会的信》不在代表大会上发表。

1924年5月，斯大林仍以总书记的身份主持召开了俄共（布）第十三次代表大会。

这是一次批判托洛茨基的大会。

在大会的报告中列举了托洛茨基与党有四个分歧和所犯的六个错误。

四个分歧是：

第一，托洛茨基认为干部已经蜕化，我们认为这不是事实。

第二，托洛茨基认为青年学生是可靠的晴雨表，我们认为晴雨表应当在无产阶级中间寻找，新接收的二十万新党员是晴雨表。

第三，托洛茨基攻击党的机关是惩罚机关。

第四，托洛茨基要求组织派别和集团的自由。

六个错误是：

一是托洛茨基发表的文章与中央委员会的决议相对立。

二是托洛茨基在整个争论时期表现出暧昧的态度，逃避到底拥护谁的问题。

三是托洛茨基把党的机关和党对立起来，提出同"机关工作人员"做斗争的口号。

四是托洛茨基把青年和我们党的干部对立起来，毫无根据地责备我们党的干部正在蜕化。

五是托洛茨基提出向青年学生，向这个"我们党的最可靠的晴雨表"看齐的理由和口号。

六是他宣布集团的自由。

同时，列宁起草的、并在"十大"通过的《关于党的统一的决议》也成了批判托洛茨基搞党内派别活动的有力武器。

最后大会以七百四十八票对零票通过批判托洛茨基的决议。

会后，托洛茨基被批得心灰意冷，借口养病，到乡下写文章指责季诺维也夫、加米涅夫和李可夫等人在十月革命前后的过错。

他的文章又引起了一场"著作论战"，结果使他更陷于孤立的境地。

于是，数以千计的谴责、批判的信件从全国各地甚至国外投向托洛茨基的办公室；报刊更是一哄而上，掀起批判托洛茨基的热潮。

1924年底，列宁格勒州委通过开除托洛茨基出党的决议。季诺维也夫和加米涅夫也坚决主张把托洛茨基开除出党。但斯大林阻止了这一过激行动。

在季诺维也夫和加米涅夫看来，可能是斯大林怕过激行动引起托洛茨基支持者造反。

"左翼"与"右翼"的论战

尽管斯大林阻止把托洛茨基开除出党,季诺维也夫和加米涅夫仍然很高兴。

对他们来说,托洛茨基是挡在他们夺权路上的大山,在这座大山倒塌之后。他们自认为通向权力巅峰不会太艰难了。

至于斯大林,他们并未把他瞧在眼里。特别是季诺维也夫,一向以列宁的战友自居,常摆老资格。他本人也确实是才智非凡,理论文笔不次于布哈林,演讲辩论不服托洛茨基,而且又牢牢控制着列宁格勒的一方天下。

加米涅夫比季诺维也夫也差不了多少,要说能说,要写能写,还有极高的理论素养。他是季诺维也夫的铁杆追随者,控制着莫斯科的一方天下,也是不可小瞧的领袖级人物。

他们在会上公然违背列宁遗嘱,保护斯大林的总书记位子不丢,目的就是用斯大林来对付托洛茨基。现在,他们的目的达到了,暗自欢喜的同时,也跃跃欲试,准备进一步夺权了。

在托洛茨基挨批之后,政治局还剩六个人,除斯大林外,另五个人很快分化成对立的两派,双方都有自己的纲领和口号。

一派是布哈林、李可夫、托姆斯基,史称"右翼"。

另一派是季诺维也夫、加米涅夫，史称"左翼"。

需要说明的是这两派都各自有支持者。两派主要分歧表现在以下问题上：

一是关于工业化速度："左翼"认为应该迅速实行工业化才能用更多的工业品换取食品和原料。而"右翼"则认为必须保住社会主义阵地，即使放慢工业化速度也在所不惜，提出放慢工业化速度。

二是"右翼"拥护列宁制定的新经济政策，主张放宽对农民的限制，使农村雇工合法化，减少农村税收。而"左翼"主张加大对富农税收，并指责布哈林是富农的代理人，因此"左翼"也被称为"新反对派"。

三是"左翼"提出社会主义不能在一国建设成功的理论，而"右翼"坚持"一国可以建成社会主义"。

"右翼"这三个代表人物与其说是政治家，不如说是经济问题的专家。

尤其是布哈林，他是得到过列宁高度评价的有权威的理论家。李可夫在列宁去世后接任人民委员会主席的职务，是位杰出的实干家（这一职务已没有多大权势，政权的中心在党）。托姆斯基领导工会工作。他完全有能力在工人中争取多数。

最重要的是"右翼"打着拥护列宁新经济政策的旗帜，赢得了许多人的支持和拥护。

斯大林不参加两派的争论，也不表示自己的观点。

"左翼"认为他们在列宁遗嘱的问题上保护了总书记，现在，总书记一定会偏向他们。

"右翼"认为斯大林会坚持列宁的新经济政策，况且布哈林又是斯大林的挚友，他们知道斯大林不会反对他们。

一直到"十四大"前夕，斯大林才以仲裁者的身份辩证地评判两派各自的错误。

1925年12月，党的第十四次代表大会召开了。

斯大林做政治报告，提出了"社会主义一定能够在一国取得胜利"的结论。他的报告中描述了苏联未来的宏伟蓝图，让代表们受到了鼓舞。

报告中没有提及与"左翼"争论的问题，而实际上已评判"左翼"是错误的。等轮到"左翼"代表发言时，会场气氛变得紧张了。

当听到"左翼"代表的发言与斯大林的报告相违背时，代表们开始起哄，阻止发言进行，会场上吵吵嚷嚷，谁也听不清说些什么。

季诺维也夫和加米涅夫要求代表们静一静，允许他们把话讲完，可代表们回应他们的是嘲笑和哨声。

后来，听加米涅夫说："斯大林同志不能起到统一布尔什维克司令部的作用。"代表们愤怒了，一遍又一遍喊着"要斯大林"，并站起身，长时间鼓掌。

结果辩论以"左翼"的失败而告终。

在表决时，大会以绝对优势的多数通过了一些决议。

在这次大会上，季诺维也夫和加米涅夫仍然留在政治局。莫洛托夫、伏罗希洛夫和加里宁选进政治局。同时，在中央监察委员会又增加了一百多名新成员。

大会通过政治局的决议，还免除了追随"左翼"的十五名党团干部的职务。

季诺维也夫虽然还留在政治局，但被免除了共产国际执行委员会主席和列宁格勒苏维埃主席的职务。这两项工作分别交给布哈林和基洛夫担任。这就是说季诺维也夫实际上被削去实权。

"十四大"后，"左翼"不甘心就此失败，决定去联合托洛茨基携手对付斯大林和"右翼"。

托洛茨基挨了一顿狠批，有几分不服，也有几分无奈，当季诺维也夫和加米涅夫找到他头上时，他甚至还多了几分幸灾乐祸。

托洛茨基对这两位昔日的冤家对头的忏悔与醒悟不感兴趣，但为了对付强硬的对手，他答应与二人结成联盟。他们的联盟被称为"联合反对派"。

从1926年上半年开始，"联合反对派"开始进行反对斯大林路线的斗争，使党内的矛盾和斗争更加尖锐和复杂化了。

而"联合反对派"的进攻，结果却是搬起石头砸了自己的脚。

反对派成员拉舍维奇被撤销了军职；季诺维也夫被开除出政治局。

"联合反对派"在组成时就犯了一个"先天"性错误，他们互相斗争时的情景还留在人们的记忆里，这么快和好容易让人们认为完全出于个人目的。

在有理有据的舆论下和组织处理的威胁压力下，"联合反对派"退却了。

1926年10月4日，托洛茨基、季诺维也夫、加米涅夫、皮达可夫、索柯里尼柯夫、叶甫多基莫夫等人签署一项退却声明，承认他们的宗派活动是错误的，表示要立即解散所有为维护反对派观点而成立起来的宗派组织。

10月7日，《真理报》刊登了这个声明。

10月18日，美国《纽约时报》突然发表了列宁的《给代表大会的信》，并称这是列宁遗嘱。

关键时刻，列宁妻子克鲁普斯卡娅，经过一番激烈的思想斗争，她转而站到了斯大林的立场上，并反戈一击指责"联合反对派"不应该搞派别活动，这就宣告了她与托洛茨基的友谊的终结。

在10月底，中央委员会和中央监察委员会联席全会做出决定，撤销托洛茨基中央政治局委员的职务；撤销加米涅夫政治局候补委员的职务；撤销季诺维也夫在共产国际主席团中的职务。

托洛茨基对列宁遗嘱的违心的声明也未能保住他在政治局中的职务，这反而激怒了他发誓要和斯大林斗争到底。

被激怒了的"联合反对派"开始了新的反对斯大林的斗争。

新的斗争

1927年5月,"联合反对派"借苏英关系恶化,抛出了《八十三人政纲》,批评党的内外政策。

托洛茨基还公然声明,如果外国进行武装干涉,反对派就推翻现政权,重组新政府挽救俄国。

1927年10月中央全会把托洛茨基和季诺维也夫开除中央委员会。从此,一切反对派都被宣布为非法。

"联合反对派"被禁止在党的会议上公开辩论;被禁止在公开报刊上发表文章,他们只好转入地下,进行秘密活动。于是他们成立了地下秘密印刷所,可是又被混进来的"奸细"揭发,印刷所被封闭,印刷品被查抄,负责印刷的反对派骨干被开除出党。

1927年秋,托洛茨基的老战友和支持者、外交家越飞因政治原因自杀了。"联合反对派"借安葬之机组织了一次大规模的示威活动。此外,11月7日,"联合反对派"还在十月革命纪念日动员他们的支持者上街游行。

结果,在1927年12月召开的"十五大"上,包括托洛茨基、季诺维也夫、加米涅夫、巴拉诺夫等七十五名"联合反对派"分子被开除出党。同时,把萨普龙尼洛夫等二十三名民主集中派的独立反对派集团骨干分子也开除出党。

1928年1月7日，仍不妥协、继续斗争的托洛茨基在家中被秘密押走，流放到中亚的阿拉木图。次年1月被驱逐出境。

托洛茨基被流放后，季诺维也夫和加米涅夫为了生存，暂时妥协，做了违心的检查。

结果他们被重新接收回党内，以观后效。

在"联合反对派"之后，"右翼"与斯大林的斗争也趋于明显化了，原因是斯大林要推行自己的强国路线，考虑到会遭到"右翼"的反对和抵制。

斯大林要推行什么强国路线呢？

简单地说，就是高速实现工业化，农村实现集体化，彻底消灭富农。

斯大林已经把自己置于领袖的地位，他有了一种把国家变成世界强国的强烈的使命感，他要为此奋斗，并决定不惜一切代价。他要让"一国建设社会主义"的理论变成现实。

而他知道，按照列宁的新经济政策，国家在短时间内经济实力强大不起来，而苏联又被资本主义国家所包围，不强国随时就可能被挨打甚至要亡国，这种危机感也不容许他心平气和。

斯大林的魄力在于想到就干，不达目的誓不罢休。

斗争一开始是在小范围内进行，斯大林试图说服"右翼"支持他的路线，而"右翼"顽固地甚至死不悔改地坚持自己的观点。

1928年10月和11月，在两次重要会议上，"右翼"主要的、在重要部门任职的追随者被撤职了。这下子惹恼了"右翼"，他们发挥自己的优势，在报刊上发表文章，在大小会议上大喊大叫坚持自己的政策和主张。

感到大势已去的布哈林，在六神无主之时竟跑去找加米涅夫诉苦，想寻求帮助。

加米涅夫刚刚被恢复党籍，处境很艰难，当然不敢说什么。可他并不老实,尽管布哈林一再强调不要把这次谈话告诉任何人,他还是透露给托洛茨基分子。

1929年1月30日,召开了政治局和中央监察委员会主席团联席会议,在会议上做的《布哈林集团和我们党内的右倾》的报告中,把布哈林、托姆斯基和李可夫说成是"右倾投降主义集团"。

4月,在中央全会上,《论联共(布)的党内右倾》长篇报告中,全面系统地批判了布哈林等人。

最终会议通过决议,撤销布哈林、李可夫的职务,暂时留在政治局内。

到11月,又把布哈林开除了政治局。

11月25日,"右翼"给中央写了一封"悔改"声明,承认自己的错误,表示愿意继续为党工作。

家庭悲剧

随着斗争的不断胜利，斯大林的威信更高了，他在中央的地位已经完全巩固了。他逐渐成为党的化身，成为正确路线的代表。

在他过五十岁生日的时候，全国一片歌功颂德之声，莫斯科大街小巷挂满了他的巨型画像。人们这样称颂他：

"斯大林同志就是今天的列宁！"

斯大林不太在意人们对他的迷信，他不图虚荣，只重实际。他一直念念不忘的就是早日实现他的强国之梦。

他相信自己有力量使国家强大起来。他竭力地激发俄国人的民族自豪感和大干快上建设社会主义的使命感，掀起了全国性的社会主义建设热潮。

很快，工业建设取得显著的成绩：

第一个五年计划期间，俄国建立了近一千五百个大型企业，其中有大型的第聂伯水电站、库兹涅茨克钢铁公司、乌拉尔机械厂及化学机械厂。还有很多农机厂、拖拉机厂和汽车厂。像马格尼托奇尔斯克钢铁企业以及许多最现代化、最巨大的工业联合企业，简直是不可思议地一个一个矗立起来。

更令人不可思议的是，第一个五年计划竟提前一年完成了。

这时，俄国在一片空地上奇迹般地建起了重工业网络，在一些大城市中建起了大型工厂。如在斯大林格勒，仅十一个月就建成了一座宏伟的拖拉机制造厂，在乌拉尔也以最快的速度建立了国防工业。

可以肯定地说，正因为有了这样的雄厚的重工业基础，苏联在二战中才免遭毁灭性的失败，才把最终战胜德国法西斯变成可能。

仅从这一点上说，斯大林的"强国路线"是非常正确的。

在推行快速建设工业时，也不是没有阻力。例如有色冶金总局局长就对自己方面的计划提出批评。

还有莫斯科市的党委书记留京，不仅反对快速建设工业，在散发的纲领中还对斯大林提出指责。

阻力还来自家庭方面。1932年11月8日深夜，斯大林的妻子娜佳在自己的卧室里自杀身亡。

娜佳是斯大林的老战友阿利路耶夫的小女儿，就是她曾经在斯大林流放北极圈时，怕斯大林寂寞，给斯大林寄去了风景明信片。

娜佳比斯大林小二十二岁，这个小姑娘由于对革命者的崇拜，爱上了经

斯大林的第二个妻子：娜佳·阿利卢耶娃

常去她家的斯大林，于是在1919年成为斯大林的第二个妻子。

可是，她为什么自杀呢？

严格地说，斯大林不能算是个好丈夫。他与第一个妻子卡桃结婚四年时间，而实际上在一起不到一年时间，其余时间全用在了革命工作上。

与娜佳结婚后，他也没因妻子的年轻美貌而改变多年养成的独身生活习惯，整个身心都扑在工作上，没日没夜待在办公室里，连节假日也不休息。

他们结婚之时正值内战时期，斯大林南征北战，忙得不可开交。后来又当了总书记，为了工作，更没心思顾别的了。

斯大林本人生活单调，眼里只有工作，除了喝酒没别的爱好，对于家里的一切都不管不问，好像根本没有这个家。

多少个漫长的夜晚，妻子孤零零地在房间里等着盼着他回来，可就是不见他的身影。这样就难免让妻子想，是不是他对自己失去兴趣了？是不是他根本就不爱自己？

日子长了，妻子不愿意待在这囚笼一样的家里了，她提出要去工作，投身热火朝天的工业建设中。

斯大林开始不同意，后经别人劝说和妻子一再恳求，他让妻子到工业学院学习专业技术。娜佳像出笼小鸟，在工业学校里感到非常开心。谁都不知道她是斯大林的妻子，她也和同学们处得非常好。

可她后来听信了一些传言，于是就冲进斯大林办公室去争吵。指责国家有些政策是失误的。

斯大林让人把她送回家，严格看管，再不许走出家门一步。

娜佳就这样在气愤难平的情况下自杀了。

1932年11月10日，娜佳死后第三天，《真理报》发表了一则报道：

联共（布）中央悲痛地告知同志们，11月8日夜里，积极的和忠诚的党员娜杰日达·谢尔盖耶夫娜·阿利路耶娃（娜佳）去世了。

广播随后报道，娜佳死于阑尾炎发作。

娜佳的葬礼很隆重。墓旁还雕刻了塑像，夜晚还有灯光照射，并有警卫守护。

妻子去世后，斯大林在新别墅的墙上让人挂了一幅放大的妻子照片，一有空闲就抽着烟斗，在照片旁边静静地坐一会儿。

此后二十年，斯大林一直独身。

斯大林有两儿一女，前妻所生的长子雅科夫大学毕业后赶上卫国战争，响应斯大林号召上了前线，不幸被俘，德国知道他是斯大林的儿子，提出用他换德国一位被苏军俘虏的元帅。

斯大林予以冷漠的嘲笑，说：

"要用一名士兵交换一名元帅，我们可不干！"

斯大林和他的女儿

雅科夫宁死不屈，为了不想让德国在他的身上做文章，愤而向集中营的铁丝网冲去，被哨兵当场击毙，年仅三十五岁。

斯大林次子瓦西里和女儿斯维特兰娜是第二个妻子娜佳所生。

瓦西里从小任性，他十一岁那年似乎知道了母亲去世的真相，更加疏远斯大林，父子长期不睦。后来染上酗酒的毛病。在斯大林去世后，他被监禁起来，最后在孤独中病逝，年仅四十一岁。

女儿斯维特兰娜也因母亲的自杀怨恨父亲，加上她婚姻的不幸，她最终流落国外，命途多舛。

斯大林有孙儿、孙女、外孙、外孙女共八个，但他只见过三个——女儿的两个孩子和长子的女儿。

由此可见，斯大林并不看重家庭，他眼里只有自己的工作，他把自己完全地奉献给了国家。

重臣之死

20世纪30年代初,斯大林把自己的全部注意力都放在了农业"革命"和工业飞跃上,他使国家社会主义工业化、农业集体化和消灭剥削阶级的政策取得了决定性胜利。

在这种形势下,迎来了1934年1月26日的党的"十七大"胜利召开。

斯大林在大会的工作报告中肯定了近年来取得的伟大成就,他告诉党和人民,他的领导是卓有成效的、所向无敌的。

在斯大林报告之后,是代表们一个挨一个发言,对斯大林进行赞颂。

以下几人的发言值得一提:

布哈林说:"团结在党的智慧和意志的体现者、党的领导人、党的理论和实践的领袖斯大林同志四周,是每个党员的义务。"

李可夫说:"在列宁同志去世后的最初一段时间,斯大林同志起到了极其重要的作用,他一开始就十分突出地表现出他是一位领袖和我们的胜利的组织者。"

托姆斯基说:"我应该对党说,正因为斯大林是列宁最坚定、最杰出的学生,正因为他的警觉性最高,目光最远大,最坚持不渝地引导党沿着正确的列宁的道路前进,正因为他用自己沉重有力的手敲打我们,正因为他通过与反对派的斗争在理论上和实践上得到千锤百炼,正因为这一切,斯大林受到一些人的攻击。"

季诺维也夫的赞美更别具一格,正是他第一个把马克思、恩格斯、列宁、斯大林这四个人的名字并列排在一起的。

在这次会议期间和会后,中央委员会做了很大调整。

布哈林、李可夫、托姆斯基也从中央委员降为候补中央委员。

而肃反工作人员巴利茨基和叶甫多基莫夫越过候补委员这一级而直接进入中央委员会。越级而成为正式委员的还有贝利亚、叶若夫和赫鲁晓夫。(赫鲁晓夫曾是斯大林妻子娜佳在工业学院时的同学,他对斯大林的忠诚让娜佳转告了斯大林,因此受到斯大林的青睐。他后来说娜佳是他飞黄腾达的"彩票"。)内务部的亚戈达从候补委员升为中央委员。

1934年12月1日,在列宁格勒的塔夫利达宫,将召开全市和全州党的积极分子大会。

会上要听取中央政治局委员、中央书记、列宁格勒州委员第一书记基洛夫(他是接替季诺维也夫)做重要报告。

可是定于下午2点开会,到5点多了,基洛夫还未来——这是以前从未有过的事,人们爱戴的基洛夫怎能这样不尊重与会者?

就在人们等得不耐烦,往基洛夫所在的斯莫尔尼宫打电话时,有人突然闯进,声泪俱下地说出了基洛夫刚刚被杀害的消息。

是谁杀害了基洛夫?

凶手当场被逮捕,名叫尼古拉耶夫,三十岁。

案发后,斯大林和亚戈达马上得到了基洛夫被杀的报告,他立即决定前往列宁格勒。亚戈达随即给内务部列宁格勒分局局长麦德维基打去电话告知。

两个小时以后,斯大林由莫洛托夫、伏罗希洛夫、叶若夫、亚戈达、日丹诺夫等人陪同乘专列从莫斯科来到了列宁格勒。

来车站迎接的除列宁格勒首脑，还有麦德维基。

然后，斯大林一行来到斯莫尔尼宫，他把一层楼作办公地点，决定立即审问凶手。陪同他审问的还有亚戈达和内务部经济局局长米隆诺夫。

尼古拉耶夫被看守的卫兵押进屋。他的样子很狼狈，头上缠着绷带，有人说是想自杀在墙上撞破了头，还有人说是抓捕时打伤的。

斯大林问尼古拉耶夫：

"小伙子，你为什么要杀害基洛夫同志？你难道不知道他是一位受人爱戴的好人吗？"

尼古拉耶夫回答：

"我要表示我的抗议！"

斯大林又问："你的枪是从哪里弄来的？"

尼古拉耶夫说："这你应该去问扎波罗热茨。"

扎波罗热茨是列宁格勒内务分局的副局长，有人怀疑就是他具体策划了这起谋杀案。

在尼古拉耶夫之后受审的应该是鲍利索夫，他是内务部专门保护基洛夫的警卫人员。案发时是他把基洛夫从会议厅以接电话为由叫出，被潜伏在走廊的尼古拉耶夫开枪击中，等人们听到枪声冲出会议厅，鲍利索夫已经失去踪影。他是不是也参与了谋杀？

斯大林没见到鲍利索夫，提押他的契卡人员回来报告，在途中出了车祸，犯人意外死亡。

斯大林指示内务部处分列宁格勒分局的两个领导人。结果麦德维基和扎波罗热茨以玩忽职守罪被解除职务，调到远东机关工作。

对基洛夫的被杀，还有不同的说法，尼古拉耶夫杀死基洛夫，是因为知道基洛夫勾引了他在斯莫尔尼宫餐厅当服务员的漂亮妻子。

还有一种说法，据斯大林的女儿说，谋杀基洛夫是贝利亚一手策划的。因为他嫉妒基洛夫是斯大林最亲近、最信任的好朋友。

修改刑法

基洛夫遇害后，为大力加强"惩罚机关"，斯大林提议修改现行的刑法。

修改后的刑法补充规定：

1. 郾侦查部门应从快处理被控策划和执行恐怖行动的案件。
2. 郾司法机关不得推迟对这类罪行的死刑判决，以研究是否可以给予赦免，因为苏联中央执行委员会主席团认为做出这样的赦免是不容许的。
3. 郾一俟对犯有上述罪行的罪犯做出死刑判决，内务人民委员会部机关应立即执行。

当时还通过了一个《关于修改加盟共和国现行刑事诉讼法典的决议》，其内容是：对各加盟共和国现行刑事放诉讼法典在侦查和审理恐怖案件方面的有关规定作如下修改：

1. 郾有关这些案件的侦查工作不超过十天。2. 郾控告结论在正式开庭审判前一昼夜交给被告。3. 郾原告、被告双方都不参加审判。4. 郾不接受判决上诉书和赦免请求书。5. 郾极刑判决宣布后立即执行。

这些法令一发布，许多"案件"立即加快了审理速度。

1934年12月29日杀害基洛夫的凶手尼古拉耶夫和另外十三名被告被判处

死刑。

1935上1月9日，内务部又审理了"列宁格勒萨法罗夫、扎卢茨基等反革命季诺维也夫集团案"，该案包括党、政、军和经济界各方人士七十七人，被判处各种不同期限的流放和监禁。

1月16日，季诺维也夫和加米涅夫为首的"莫斯科中心案"十九人受审。该中心被指控为"列宁格勒总部"的领导机构。分别判处季诺维也夫和加米涅夫十年和五年徒刑，其他人判处不同年限的监禁。

1月18日，苏联党中央向各级党组织发布了惩治的"总动员令"（密信）：

必须肃清机会主义的温厚宽容，这种态度是从这样的错误假定出发的。

随着我们力量的增长，敌人似乎会变得愈来愈驯服和不伤害人。这种假定是根本错误的。它是右倾的死灰复燃，这种右倾硬要大家相信，敌人将悄悄地爬进社会主义并且最后会变成真正的社会主义者。

布尔什维克不应当高枕无忧和粗心大意。我们需要的不是温厚宽容，而是警惕性，真正布尔什维克的革命警惕性。

必须记住，敌人的处境愈是绝望，我们就愈抓住"极端手段"作为他们反苏维埃政权斗争的垂死挣扎的唯一手段。必须记住这一点，必须保持警惕。

这个"总动员令"一发布，全国立即掀起了惩治的第一个高潮。为配合惩治工作，在组织上给予保证，中央在2月1日的中央全会上通过了三项组织决定：

1.米高扬和丘巴尔被选为政治局委员，填补基洛夫和古比雪夫（1935年1月26日病逝）的空缺。

2.接替基洛夫成为列宁格勒一把手的日丹诺夫和艾赫被选为政治局候补委员。

3.叶若夫被任命主管内务人民委员部的党中央书记，同时代替卡冈诺维奇任党中央监察委员会主席。

1935年3月，通过了惩治叛国分子家属的法令；

4月，颁布了规定十二岁以上的儿童与成人一样对所犯的罪行承担责任的法令。

6月，又通过了对任何叛逃国外的苏联公民判处死刑的法令。

1936年7月29日，党中央又向全国各地党组织发出"密令"：

要求人们特别提高警惕，揭发和谴责苏维埃政权的敌人，并命令再次审查全党党员。

1936年8月19日，在莫斯科工会大厦的十月大厅里，进行了一次审判，十六名被告全部被判处死刑，其中包括季诺维也夫和加米涅夫。

不久以后，受到牵连的人也受到审判，包括布哈林、李可夫等人。

惩治凶手

对于个别人在惩治运动中的过火行为，斯大林很快意识到了，特别是对军队在惩治运动中的损失，他感到很不安，因为他清楚地认识到苏联所面临的战争形势。他决心制止这场惩治运动。

1938年1月，中央委员会通过了一项决议，决议的标题是《关于各级党组织在开除共产党员党籍方面的错误，关于对被开除的联共（布）党员的申诉采取的官僚主义态度，以及关于克服这些缺点的措施》。

这一新指示发出后，立即传达到各级党的书记和内务部的各指挥点。

他们立即遵照指示办事。

这个指示把打击矛头指向了新的敌人——共产党的野心家。这些人乘惩治之机揭发他们的上司而往上爬，并犯有散布怀疑和破坏党的罪行。

联共（布）党中央还根据斯大林提议，任命了一个有贝利亚和马林科夫参加的特别委员会来检查内务部的工作。

过了不长时间，贝利亚被任命为内务部副人民委员。他立刻把自己的亲信从格鲁吉亚调到莫斯科，充实到内务部上层机构中。

1938年11月17日，联共（布）中央和苏联人民委员会通过了两项秘密决议：

1. 关于逮捕、检察和审讯的规定。

2. 关于吸收正直人员参加机关工作的规定。

决议中提出了整顿"惩罚机构"的工作任务。

内务部的头子、恶魔叶若夫第一个被"整顿"了。

12月8日，中央各报纸最后一版上的"新闻栏"里简短地报道说：

根据叶若夫本人请求，免去他内务人民委员职务，保留其水运人民委员职务；任命贝利亚为内务人民委员。

此后，内务部各机构中又开始了一个逮捕和免职的新浪潮，所有大监狱和集中营的首脑都被逮捕，叶若夫的所有副手和最亲近的助手都被枪决。

叶若夫本人1939年被秘密逮捕，1940年被秘密枪决。

报刊的宣传让人们相信，过火的惩治运动的罪魁祸首亚戈达和叶若夫，最终受到了严惩。

斯大林通过贝利亚控制了惩治运动的火头，又让贝利亚进行局部平反，重点平反对象是军官。

于是，包括苏军元帅罗科索夫斯基等一些军官被释放了。

斯大林这时候已经感觉到一个强硬的对手，在向他发出了挑战。

尽管他不曾见过这个对手，但他知道，这个人是世界上唯一可能打败他的人。

他抽着烟斗，望着西天的落日，等待着这个对手越走越近。

斯大林的这个对手就是希特勒。

《苏德互不侵犯条约》

斯大林一直在考虑日益迫近的战争危险。

在远东，日本于1931年制造了"九·一八"事变，开始了对中国的侵略战争。

在欧洲，1935年10月，意大利发动了对阿比西尼亚的侵略战争并侵占了阿比西尼亚。

1936年夏，德国、意大利对西班牙进行了武装干涉；德国占领了西班牙北部和西属摩洛哥；意大利则占领了西班牙南部和巴利阿里群岛。

德国和意大利1936年还签订了共同协定，德国同年与日本缔结了反共产国际条约。至此，欧亚两个战争策源地形成。

斯大林知道，德国是苏联的最直接威胁。

从波罗的海骑士时期到第一次世界大战，德国一直是令人生畏的敌人。

德国在第一次世界大战中的军事力量，给斯大林这一代的俄国人留下了不可磨灭的印象。

在一战中，伟大的列宁主张同德国签订了《布列斯特和约》，后苏联又单方面废除和约，收复失地，德国必然怀恨在心。

而且德国法西斯称霸之心已昭然若揭，自从希特勒的第三帝国诞生以来，军备开支在五年中从二十亿马克增加到一百六十亿马克。

斯大林也不甘示弱，一直不惜人力、物力巩固国防。

他加紧发展重工业和大力扩充军事力量。第二个五年计划期间，国防工业的发展速度比其他工业快一倍半。

苏联从预算中拨给军队的经费从1933年的十四亿三十四万卢布增加到1938年的二百三十二亿卢布。

苏联在外交方面也做出了许多努力，先后与波兰、罗马尼亚、保加利亚、捷克斯洛伐克、芬兰、蒙古和中国签订了互不侵犯条约。

1935年5月，苏联还同法国缔结互助条约。

为了加强与国际社会的合作，苏联于1934年加入国际联盟。

但是，当苏联向欧洲，首先是西方国家提出建立集体安全体系的建议时，西方国家的政治家们对此反应淡漠。

斯大林明白，英法统治集团没能在十月革命后把苏维埃新政权扼杀在摇篮里，他们就指望希特勒来消灭布尔什维克。

这从英法对法西斯帝国的侵略一再退让，就可以看出，它们是千方百计怂恿希特勒向东扩张。

1936年3月，希特勒宣布废除《凡尔赛和约》和《洛加诺公约》，并派兵进入莱茵非军事区。这是希特勒一次冒险的试探性行动，如果当时法国向莱茵区进军，德国就会立即退让。

因为希特勒知道，德军在当时还不具备与法、英作战的实力。

然而，法国对德军未采取任何认真的措施，而英国甚至持纵容的态度。

希特勒乐了，他以四个旅的兵力探明了英、法的虚实，摸到了底细。

德国进占了莱茵非军事区，就意味着《凡尔赛和约》对德国的限制和束缚已不复存在。

1936年7月，国际联盟会议在英法两国的纵容下，取消了对意大利的制裁，这就为意大利奉行法西斯侵略政策放开了手脚。

看着英法别有用心的、针对苏联搞的这些花招，斯大林十分愤慨。

希特勒占领了莱茵区后又吞并了奥地利。而且他胆子越来越大，在未受到任何阻挡的情况下，把进攻的目标指向了捷克斯洛伐克。

德国对捷克斯洛伐克大兵压境，战争一触即发，可忙坏了英法首脑。

法国总理达拉第专程到伦敦会晤英首相张伯伦，紧急商量对策。

张伯伦明确表示：英国不会为捷克斯洛伐克作战。他劝法国也不要卷入战争。

而达拉第认为，德国一旦进攻捷克斯洛伐克，法国如果不参战，战火就会蔓延到西欧，后果是不堪设想的。

商量的结果，英法两国从自身利益出发，决定牺牲捷克斯洛伐克，满足希特勒的要求。

于是，两国向捷克斯洛伐克施加压力，迫其接受德国的条件。

张伯伦还亲自去见希特勒，表示英国在东欧没有重大利益，只要德国不打英国，英国就会帮助希特勒实现他的愿望。

他这就暗示希特勒，德国如果对苏联进攻，英国一定会站在一旁看热闹。

在张伯伦的努力协调下，1938年9月29日，英、法、德、意四国首脑在慕尼黑签订了《慕尼黑协定》。

根据这一协定，捷克斯洛伐克把苏台德区及同奥地利接壤的南部地区割让给德国，它的其余领土，由英、法、德、意"保证"不再受侵犯。

具有讽刺意味的是，签订这一协定，捷克斯洛伐克竟没代表参加，只是会议结束后，才通知捷克斯洛伐克派代表把决定了他们命运的通报拿回去。

捷克斯洛伐克就这样在毫不知情的情况下，让英法给出卖了。

1938年10月1日，德军越过捷克斯洛伐克边境，向前推进。10月10日完成了对苏台德区的占领。

1939年3月，在法英的默许下，德军占领了捷克斯洛伐克的全部领土。

斯大林在捷克斯洛伐克受到危机时，一面让外交部公开声明苏联决心援助该国保卫自己的国家，一面在军内进行局部动员，使七十多个师进入战备状态。

然而，捷克斯洛伐克政府拒绝了苏联的好意，在英法的压力下，向希特勒举手投降，还宣称：他们宁可让希特勒攻进来，也不愿接受斯大林的保护。

张伯伦满足了希特勒的要求，也得到了希特勒的回报：两国签订了《英德宣言》。德国保证了不会对英国动武。

斯大林却识破了英法统治者与德、意法西斯之间的阴谋。

在1939年3月，联共（布）第十八次代表大会上，斯大林预言，西方的政治家们，最终只能搬起石头砸自己的脚，招致严重的失败。

当德国在西方的纵容下不断向东欧扩张的时候，日本军国主义在远东遥相呼应。它不仅加快了侵占中国的步伐，而且还在苏联边境不断挑起事端，以试探苏联红军的实力。

1939年5月，日本又在中蒙边界制造了"诺门坎事件"，发动了规模更大的军事挑衅。

为了避免陷于德、日东西两线的夹击，苏联在加强远东防务的同时，曾一直避免与日本发生冲突。

可是，面对日本的一再挑衅，斯大林决定教训一下日本人，让他们知道苏军的厉害。

为了加强作战指挥，苏联最高指挥部调白俄罗斯军区副司令员朱可夫飞抵前线。

苏联红军在朱可夫的指挥下，从1939年6月22日至8月30日，先后三次对日军发起反击和进攻。

日军在苏军的强大攻势下，遭到了全军覆灭的彻底失败。从此，日军再也不敢轻举妄动了。

不久，日、苏、蒙三国签订了诺门坎停战协议。

就在苏军在中蒙边境反击日军时，欧洲的局势发生了戏剧性的变化：

希特勒命德军在侵占了捷克斯洛伐克之后，紧接着又占领了立陶宛的默默尔港。并很快下达了入侵波兰的"白色方案"密令。

为了遏止希特勒的侵略势头，斯大林建议召开西方一些国家的会议，讨论保障集团安全的措施，可他的建议未被西方采纳。

苏联只好又向英、法建议，缔结三方互助条约。这次，英法终于派代表来到莫斯科，坐到谈判桌前。

然而，谈判进展缓慢，持续了几个月，最后在关键问题——苏军能否过境波兰和罗马尼亚与英法合作的问题发生分歧，使谈判陷入僵局。

这边谈判还未出结果，斯大林又得到了英国正在与德国进行秘密谈判的消息。

斯大林对英法彻底失望了。他曾以为英法尽管对苏联不信任，但出于自身安全的考虑他们会同意建成反法西斯统一战线。

然而，谈判久拖不决和英德又秘密接触，这表明英法宁可与德国勾结，也不愿与苏联结盟。

而且，德军就要对波兰进攻了，英法却不出来阻止，他们就是要牺牲波兰，让德军继续东进威胁苏联。

斯大林感到了形势的危急和严峻，他最担心的就是苏联将陷于德日的东西夹击。而英法对希特勒的纵容就是为了让苏联陷入这一险境！

怎么办？

如果苏联陷入这样一场战争，那无疑是一场可怕的灾难。

在这紧急关头，斯大林必须做出抉择：

是孤军与东西两线的日德法西斯作战？还是接受德国的条件，与希特勒联合？

希特勒提出与苏联联合，也是他的应急之策。他对苏联与英法的谈判深感不安，提出与苏联联合，可以破坏苏联与英法联合，还可以暂时避开苏联，全力打击西方。

斯大林知道希特勒的诡计，他也知道暂时与德国联合是苏联最佳选择，至少可以先赢得战争的准备时间。

斯大林于是表示同意与德国签订互不侵犯条约。他一点头，希特勒可乐坏了。

1939年8月23日，苏德签订了《苏德互不侵犯条约》。随后，苏德又在严守秘密的会谈中讨论了划分各自在东欧势力范围的问题，并达成协议，即"附属秘密议定书"。

苏德互不侵犯条约签订的消息一公布，顿时引起了世界的震惊。西方政要惊恐不安，希特勒的盟友也目瞪口呆。意大利的墨索里尼痛骂希特勒背叛了他。日本更难受，这样一来使它无法再与苏联对抗，因此导致了平沼内阁的倒台。

最惨的还是英法，他们本想纵容希特勒去干掉斯大林，可斯大林却后退一步，把希特勒的锋芒指向了英法诸国。

斯大林这一步棋不仅使苏联免于德日夹击，破坏了德日的反苏统一战线，也为日后与英美联合抗敌打下了基础。

不宣而战

由于苏联保持了中立，希特勒就开始毫无顾忌地大肆侵略。1939年9月1日，德军发动了蓄谋已久的侵波战争。

英法由于害怕战火烧到自己的国土及其殖民地而在9月3日向德国宣战。

第二次世界大战就此全面爆发。

面对德军的大举进攻，波兰人民奋起抵抗，可是亲德反共的政府却仓皇逃到罗马尼亚边境去了。

英法虽然向德国宣战，也未给波兰什么援助，听任德军很快占领大半个波兰，形成对华沙的合围。

苏联由于和德国"亲善"在先，当波兰面临毁灭时，便发表声明与波兰以前签订的条约无效，为了保护波兰境内的同胞（乌克兰人和白俄罗斯人），苏军越过苏波边界进驻西乌克兰和西白俄罗斯，并越过寇松线占领了波兰二十万平方公里的土地。随后与德国确定了两国最后的国界。

二战名将朱可夫

实际上苏联和德国瓜分了波兰。

苏联对波兰的占领为自己的西部建成了一道防德屏障，可斯大林还决定在西北建成缓冲地带，他把目光投向了与列宁格勒紧紧相邻的芬兰。

芬兰是敌视苏联的国家，斯大林担心德国通过芬兰进攻苏联，于是提出和芬兰换地，希望芬兰同意把边界后移。

但芬兰政府断然拒绝换地。

斯大林见和平的方式不行，就决定使用军事手段迫使芬兰屈服。

1939年11月30日，苏芬战争打响了。

斯大林原想战争一起，芬兰就会被吓得让步，可是芬兰早有防备，让苏军打得十分艰苦。

斯大林不得不增派援军，并派铁木辛哥去前线指挥。

尽管这样，一直到1940年3月初，苏军以惨重伤亡的代价终于取得了最后的胜利。苏芬两国签订和约，苏联取得了芬兰的曼纳海姆防线和汉哥海军基地。

苏联先是参与了波兰的瓜分，又欺负小国芬兰，在国际上弄得很不得人心，1939年12月14日被开除了国际联盟。

苏芬战争对苏军是一次实战演习，暴露出苏军战斗力低和指挥力量薄弱。

斯大林做出了以下应对的重要决定：

一是解除了伏罗希洛夫国防部长职务，任命铁木辛哥为国防部长。

二是下令将惩治运动中被判刑的四千多名军官平反，召回军队。

三是建立一大批军事院校，增加现有军校学员人数，开办军官短期培训班。

四是通过了《关于普遍义务兵役制》的新法律，在国民中进行"保卫祖国是每个公民的神圣职责"的教育，开展普遍军事训练，普及国防知识。

五是为了提高军官的地位和权威，军内恢复了军衔制。

斯大林心知肚明，希特勒这只野兽迟早会转过头向苏联猛扑过来，所以苏联的经济建设尤其是国防建设的步伐在他权杖的驱赶下更快了。

他本人的工作节奏也加快了，每天都工作十六七个小时，其中有几个小时用于研究和解决军事问题。

在加紧工厂的军事技术装备生产的同时，部队加强了实战训练和演习。

1940年12月底，在西部边界搞了一次大规模的战役战略演习。朱可夫大将在这次演习中脱颖而出，被任命为苏军总参谋长（接替梅列茨科夫）。

1941年2月，斯大林又把朱可夫提拔到最高军事领导岗位，这是他任用干部上的最成功一例。

斯大林在积极备战时，希特勒正在张牙舞爪地大肆侵略。

1940年春夏两季，德军对西方发动了闪电式进攻，继占领挪威和丹麦之后，又迅速侵占了荷兰和比利时。

1940年6月，德军绕过马奇诺防线攻入法国，占领巴黎，迫使法国部分军队和英国远征军向北部敦刻尔克大撤退，最后逃到英国本岛。

希特勒占领欧洲中原之后，又令德军开向巴尔干。

1940年底到1941年初，匈牙利、保加利亚、罗马尼亚、芬兰等国陆续站到了德国一边。

1941年4月，德军又侵入南斯拉夫。希特勒至此已将欧洲大陆踩在了脚下，他狂妄地叫嚣：该到了收拾苏俄这只大笨象的时候了!

他早就说过：

"条约只是在对我们有用的时候才有遵守的必要。一旦我们在西方腾出手来，我们就可以对俄国作战！"

1940年7月，在法国投降，欧洲战局结束之后，希特勒就下令制订侵苏作战计划。

1940年12月18日，希特勒发布了第21号秘密训令，正式批准了代号为

"巴巴罗萨"的反苏战争计划。训令中要求一切准备工作必须在1941年5月15日以前完成。

由于巴尔干战争在1941年5月中旬未结束,希特勒将原定的入侵日期推迟到1941年6月22日。

"巴巴罗萨"作战计划规定:

德军要以大量坦克部队、摩托化部队及航空部队进行"闪电"式的突然袭击,分割围歼苏联西部红军主力,尔后向战略纵深发动进攻,攻占列宁格勒、莫斯科和顿巴斯等地。在1941年入冬前结束战争。

德军根据这一计划,集结了一百八十一个师及二十个旅,总兵力为五百五十万人,有坦克四千三百辆,火炮和迫击炮四万六千门,飞机四千九百八十架,舰艇一百九十三艘,编成了三个集团军群和三个独立行动的集团军,准备在三个战略方向(列宁格勒、莫斯科、顿巴斯)实施进攻。

此外,德国的"挪威"集团、芬兰的东南集团军和卡累利阿集团军共二十一个师及三个旅,在挪威和芬兰境内行动,由德军第5航空队和芬兰空军九百余架飞机进行支援,夺取列宁格勒。

希特勒为了迷惑斯大林,采取了一系列的政治欺骗和战略战役伪装措施。

在外交上,他不断做出与苏联友好的姿态,竭力促成双方贸易协定的签订,还批准向苏联出售新式飞机和一些先进的兵器技术。

他知道,在苏联尚未掌握这些技术之前,德国对苏战争即会开始。

斯大林未受希特勒的迷惑,可他在德军进攻的地点和时间上判断失误。

苏军的防御计划中把西部作为主战场,认为德国进攻会选择距莫斯科最短的路线,可斯大林则认为德国要夺取乌克兰的粮食和顿巴斯的煤,主攻方向应是西南。

于是防御计划进行了修改,造成了战略上的错误。结果德军开始正是从西部白俄罗斯的方向而不是从乌克兰的方向发起进攻。

苏联红军战士开往前线

在战争爆发的时间上,斯大林一直希望能往后推迟,以便苏联备战得更充分一些,可这是他一厢情愿的想法。

在战略判断上,斯大林认为希特勒还未战胜英国,不会两面作战,既打英国,又打苏联。他想通过外交等手段把希特勒对苏联的进攻拖到1941年的秋天,那样冬季就可能把德国人的进攻推迟到1942年。

尽管各种各样关于德国即将发动对苏战争的情报让斯大林很不安,可他仍然认为德国对苏联的战争不会在1941年8月之前爆发。

此外,苏联也没想到德军的进攻会一开始就这么猛烈,以为像这样的大战争,开始会在边境发生小规模的冲突,随后主力才进入交战。由于对德军的闪电突击和雄厚兵力缺乏防备,是导致战争初期苏军失利的重要原因。

1941年6月21日晚,朱可夫用电话向斯大林报告,有一名德军司务长向基辅军区边防部队投诚。据他供认,德军正在进入出发地域,将于22日凌晨对苏发动进攻。

斯大林听完,说:

"你和铁木辛哥同志到我这里来吧。"

当铁木辛哥和朱可夫来到斯大林办公室,斯大林问二人:

"你们认为那个投诚者的话可靠吗？"

铁木辛哥回答：

"我认为投诚者说的是实话。"

这时，政治局委员们也应召而至。

斯大林又问：

"那么，我们现在该怎么办呢？"

铁木辛哥说：

"应该立即命令边境军区所有部队进入一级战备。"

随后，经过审慎地研究，斯大林才同意发出如下命令：

一、1941年6月22日至23日德军可能在列宁格勒军区、波罗的海沿岸特别军区、基辅特别军区、敖德萨军区正面实施突然袭击。袭击可能从挑衅行动开始。

二、我军的任务是：不受任何挑衅行动的影响，以免使问题复杂化。与此同时，列宁格勒、波罗的海沿岸、基辅、敖德萨各军区部队进入一级战斗准备，以防德军或其盟军可能的突然袭击……

命令虽下达了，可为时已晚。三个小时后，当德军发动进攻时，边境上的部队就算收到命令，又如何来得及采取行动！

当斯大林从克里姆林宫回到自己的别墅刚要入睡时，朱可夫给他打来电话报告：

德军空袭基辅、明斯克、维尔纽斯等城市。

斯大林终于明白，希特勒这只野兽对苏联不宣而战了。他的判断错了！

时间是1941年6月22日凌晨3点50分。

初战失利

斯大林接完电话,便乘车赶到克里姆林宫他的办公室。

他到得最早,一个人默默地坐在桌旁抽着烟斗。

他要让自己镇静下来,他知道希特勒在这个时候突然进攻,对苏联来说是一场灾难。而现在,他和他的人民必须承受这场灾难。

政治局委员和候补委员们默默地、陆续地走进了他的办公室。

斯大林没有与任何人打招呼,只是像自语似的说了一声:"同德国大使联系一下。"

莫洛托夫立即走了出去。

这时铁木辛哥和朱可夫也来到了办公室。

斯大林仍然什么也不说,他的面前弥漫着他喷吐着的烟雾。他的脸没有任何表情,但在别人眼里,是阴沉沉的。

不多会儿,莫洛托夫急匆匆返回办公室,惊慌地说:

"是的,德国政府已经向我们宣战了!"

斯大林彻底清醒了。

在这场与希特勒的较量中,他输给了对方。

又陷入了难堪的沉默。

终于，朱可夫说话了：

"斯大林同志，下命令吧，我们要立即对入侵的敌人进行还击，制止他们继续推进！"

铁木辛哥补充说：

"不是制止，而是歼灭！"

斯大林的眼睛里又射出了那种威严而不容侵犯的光芒，坚定地说：

"我们来商议一下，看怎么教训这个法西斯！"

经过商议，斯大林签署了国防部第二号命令，号召各军区向入侵者进攻。

而这个命令向第一个命令一样，为时已晚。德军在6月22日拂晓以前，已把苏军西部边境所有军区同部队联系的有线通讯破坏了（那时大部分部队没有装备无线通信）。

这样，苏军对德军的闪电式进攻没有防备，一开始就陷入混乱，军区的指挥命令一时又传达不到，部队难以组织力量进行有效的还击。

由于通讯被切断，军区也摸不准战场上的情况，更无法向国防部报告。

这样，在战争爆发的最初几个小时，斯大林和国防部只能干着急，因不明前线情况，无法指挥作战。

直到6月22日上午8时，总参谋部才查明以下情况：

西部军区、基辅军区和波罗的海沿岸军区的许多机场遭到敌轰炸机猛烈轰炸，使来不及起飞的和分散在各个野战机场的飞机受到损失。

波罗的海沿岸地区、白俄罗斯和乌克兰的许多城市和铁路枢纽以及塞瓦斯托波尔和波罗的海沿岸的海军基地遭到了轰炸。

担任掩护的第一梯队各步兵部队，接到战斗警报后，来不及占领预先构筑的阵地，从行进间就投入了战斗。

列宁格勒军区管辖地域暂时平静，未遇敌情。

斯大林听完情况报告，果然地做出了以下应急措施：

6月22日中午12时，由莫洛托夫发表广播演说，动员全国军民投入反击德国法西斯的战争；

6月22日13时，斯大林派朱可夫到西南方面军协助指挥作战；

下令组成预备队方面军，以便加强纵深防御。预备队方面军编有第19、第20、第21和第22集团军。

6月23日，成立了统帅部大本营，成员有：主席铁木辛哥元帅、朱可夫大将、斯大林、莫洛托夫、伏罗希洛夫元帅、布琼尼元帅、库兹涅佐夫海军上将。

但铁木辛哥没有决策权，凡事都得征求斯大林，常常延误战机。

这样，6月30日，成立了以斯大林为首的国防委员会，7月10日，国防委员会把统帅部大本营改组为总统帅部大本营，由斯大林任主席。7月19日，斯大林被任命为苏联国防人民委员。8月8日，总统帅部大本营又更名为最高统帅部大本营，斯大林被任命为苏联武装力量最高统帅。至此，才全部完成了向战时领导体制的转轨。

斯大林一个人担任了苏联所有机构的最高领导：中央委员会总书记、人民委员会主席、最高统帅、国防委员会主席、最高统帅部大本营主席、国防人民委员，他所肩负的工作已超过了一个常人的承受能力。

前线的形势仍然十分严峻：经过几天的激战，6月28日晚，明斯克失陷。

对此斯大林极为恼火：仅六天的时间，敌人就已推进到苏联腹地约二百公里。

6月30日，斯大林命令朱可夫把作战失利的西方面军司令巴甫洛夫召回莫斯科。

随后，巴甫洛夫被撤职，他与西方面军其他主要将领一起被送军事法庭审判，然后全部被枪毙了。

斯大林任命铁木辛哥为西方面军司令，叶廖缅科为副司令；

又任命索边尼科夫为西北方面军司令员，瓦图京为参谋长。

到这时，斯大林知道，这场卫国战争已不可能在短时间内结束了。为了振奋民族精神，鼓舞前方官兵的士气，7月3日，他向全国发表了广播演说：

"同志们！公民们！兄弟姐妹们！

"我们的陆海军战士们！

"我的朋友们，我现在向你们讲话！

"希特勒德国从6月22日起向我们祖国发动的背信弃义的军事进攻，正在进行着。虽然红军进行了英勇的抵抗，虽然敌人的精锐师团和他们的精锐空军部队已被击溃，被埋葬在战场上，但是敌人又向前线投入了新的生力军，继续向前进犯。

"希特勒的军队侵占了立陶宛全境、拉脱维亚大部分地区、白俄罗斯西部地区、乌克兰西部一部分地区。

"法西斯的空军正在扩大其轰炸区域，对摩克曼斯克、奥尔沙、莫吉廖夫、斯摩棱斯克、基辅、敖德萨、塞瓦斯托波尔等城市大肆进行轰炸。我们的祖国目前面临着严重的威胁……"

最后斯大林号召苏联人民行动起来，为捍卫自己的自由、自己的荣誉和自己的祖国而英勇战斗！

他的"一切为了前线，一切为了胜利！"的号召，仿佛又让人们听到了当年列宁的呼唤："社会主义祖国在危急中！"

人民行动起来了，青壮男子奔赴了前线，妇女们奔赴工厂、铁路和矿山为支援前线进行忘我的劳动。

整个国民经济纳入战时轨道，成千家工厂，昨天还在生产平时的需用品，今天就转而生产弹药和技术兵器了。

7月4日,斯大林发表广播讲话的第二天,国防委员会发布命令,开始战略大迁移。要向东部地区疏散一千五百多个工业单位,其中有一千三百六十个是大型军事企业。要求在1941年7月到11月将这些企业迁走,并迅速恢复生产。

这是一项史无前例的工作,这是一次大规模的搬迁。企业的拆卸、装运经常在敌机的轰炸下进行。

成千上万满载人员和物资器材的列车川流不息地驶向东方。

1941年7月到11月,苏联的波罗的海沿岸、乌克兰地区转运了一百五十多万车厢的物资设备,使数以千计的大型企业迁到了乌拉尔、哈萨克斯坦、中亚细亚和西伯利亚等地区。

前线的形势仍然对苏军不利:

白俄罗斯的首府明斯克失陷之后,7月10日,德中央集团军群的先头部队抵达斯摩棱斯克。

斯摩棱斯克是进攻莫斯科的咽喉,它能否守住,将直接关系到莫斯科的安危。一场残酷的争夺战在斯摩棱斯克打响了。

惨痛的代价

1941年7月16日,经过六天的激战,德军攻进了斯摩棱斯克,却遭到了西方面军所属部队和城内居民的顽强抵抗。

但苏军因寡不敌众,斯摩棱斯克也失陷了。

西方面军司令铁木辛哥按照最高统帅部的指示,率领预备队实施反突击,不惜一切代价阻止德军向莫斯科挺进。

7月30日,德军在苏军的拼死抵抗下,已损失了二十五万人,不得不转入防御。

西方面军在斯摩棱斯克会战中,虽然未能按统帅部要求夺回斯摩棱斯克,却阻挡住了德军进攻莫斯科的锋锐,为莫斯科准备防御措施赢得了时间。

但是,斯大林对斯摩棱斯克的失陷仍感恼怒,他认为铁木辛哥有一定责任。

7月底,铁木辛哥被召回统帅部,斯大林当着其他政治局委员的面,提出撤掉铁木辛哥西方面军司令员的职务。

朱可夫对此表示不同意见,他说:

"我认为更换方面军司令员会严重影响战役的进程。司令员应该对战场情况进行熟悉，否则就不能很好的指挥战斗。铁木辛哥同志指挥方面军还不到四个星期，在斯摩棱斯克会战中他熟悉了部队，做了他作为司令员所能做的一切，使敌人被阻止在斯摩棱斯克地区将近一个月。我想，任何别人也无法比他做得更好。部队信任铁木辛哥同志，这是很重要的。因此我认为现在解除他的职务是不公正的。"

他的意见得到了一些政治局委员的认同。

斯大林听完，说：

"那好吧，我们可以同意朱可夫同志的意见。"转对铁木辛哥，又说：

"回去指挥你的西方面军吧，只是我不想听见太多的坏消息。"

斯大林知道朱可夫的牛脾气，更欣赏他的军事才能，对他也十分信赖，换了别人替铁木辛哥说情真未必管用。

这件事过后不长时间，朱可夫又和斯大林耍牛脾气了。

原来当德军占领斯摩棱斯克并继续向莫斯科突进时，希特勒把注意力转向了南北两个战场。

在北方，希特勒的目标是占领爱沙尼亚，消除苏军在波罗的海沿岸的空军基地，攻下列宁格勒。

在南方，希特勒妄图占领乌克兰粮仓、顿巴斯煤矿，消除苏军在黑海沿岸的空军基地，进而攻入高加索油田区，切断苏联的石油来源。

在南部战场，德军以八十二个师的兵力向乌克兰猛攻，为了攻下乌克兰首府基辅，8月初，希特勒命令德中央集团军群的第2坦克集团军和第2野战集团军南下，从第聂伯河东岸包抄苏军。

朱可夫从德军的调动中看出了希特勒的意图。为了避免西南方面军遭受损失，他对斯大林提出建议：

"我认为应该放弃基辅，然后在西部方向组织反突击。"

斯大林听完脸立刻沉了下来，说："搞什么反突击！你怎么会想到把基辅交给敌人，简直胡说八道！"

朱可夫也来气了：

"如果你认为总参谋长只会胡说八道，那你还用他干什么！我请求你解除我的总参谋长职务，并派我到前线去。在那里我也许更有用。"

斯大林抽了两口烟斗，平静一下，又说：

"请你回去先工作吧，过一会儿我会叫你来。"

半个小时后，朱可夫被叫到斯大林办公室。

斯大林说：

"我们经过商量，决定解除你的总参谋长的职务，由沙波什尼科夫接替你。"

朱可夫问：

"那派我到哪里去？"

斯大林反问：

"你愿意去哪里呢？"

朱可夫回答：

"我可以做任何工作。"

斯大林说：

"你刚才说在西部方向组织反突击，那你就去负责这件事吧。我们任命你担任预备队方面军司令员。你什么时候可以动身？"

朱可夫回答：

"一个小时以后。"

朱可夫到了预备队方面军后，仍关注着乌克兰的战势。8月19日，他给斯大林发了一封电报，再次提醒最高统帅部注意德军可能从后方包抄西南方面军。

斯大林当天就回电告诉朱可夫：统帅部认为他的判断是正确的，为了防

列宁格勒战役的苏军狙击手

止德军在后方包抄西南方面军，已令叶廖缅科为首的布良斯克方面军准备阻击德军。

然而，匆忙组建起来的布良斯克方面军没能阻止住德军，终于让德军形成了对西南方面军的合围，使西南方面军遭受惨痛的失败，六十五万人被俘。方面军司令员等一些指挥员在战斗中牺牲。

9月19日基辅陷落。

就在德军在西南战线与苏军争夺基辅的同时，希特勒又从中央集团军群抽出一个坦克集团军支援北方集团军群，以七十多万的兵力，开始了对列宁格勒的围攻。

希特勒对列宁格勒战役非常重视，他知道只有迅速攻占列宁格勒，才能在冬季到来之前结束苏德战争。他企图在攻占列宁格勒之后，实现与北方卡累利阿地区作战的德国北方集团军群和芬兰军队的会合，然后对莫斯科进行迂回包围。

出乎希特勒的意外，列宁格勒这块硬骨头怎么也啃不下来。

9月8日，德军攻占了吕瑟尔堡，切断了列宁格勒与外界的最后一条陆路交通线。使列宁格勒变成了一座孤城。

列宁格勒的外围防线相继告急，让斯大林感到很大的压力和不安。

尽管别的战线情况都不乐观，斯大林对列宁格勒更为担忧。他知道，列宁格勒一旦失陷，德、芬军队就会联合起来从北面包围莫斯科，那将使其他战线的局势更为复杂化。

他决定无论如何也要守住列宁格勒。

关键时刻，他又想到了朱可夫，于是急令朱可夫到列宁格勒指挥作战。

9月10日，朱可夫带着两名新选的助手霍津中将和费久宁斯基少将乘飞机来到列宁格勒。

他们下飞机后，就直接来到列宁格勒方面军司令部所在地斯莫尔尼宫。

方面军司令员伏罗希洛夫正在主持召开军事委员会的紧急会议，讨论一旦扼守不住列宁格勒，应当采取哪些措施。

朱可夫闯进会议室，说：

"斯大林同志让我转告同志们，我们要死守列宁格勒。我们暂不采取任何放弃城市的措施，因为我们就是剩下最后一个人，也要为列宁格勒这座伟大的、以列宁同志命名的城市而战斗！"

当天，朱可夫就接管了列宁格勒方面军的指挥。

他连夜召开了由重要高级将领参加的作战会议，研究列宁格勒的防御。最后制定出了五项城防计划，并进行部署。

就在朱可夫抵达列宁格勒的当天，列宁格勒以南的筑垒地域形势更加危急。

德军向苏军第42集团军的防御阵地发起一次次猛烈进攻，飞机狂轰滥炸，大炮不停地怒吼，步兵在坦克的掩护下疯狂地向前冲锋。

苏军顽强抵抗，寸土不让，几次组织反冲锋，把丢失的阵地又夺了回来。

9月11日拂晓，德军向列宁格勒发起新的进攻，终于逼到了列宁格勒近郊。

朱可夫一面抓紧落实城防计划，一面任命霍津中将为方面军参谋长，又委派费久宁斯基少将去第42集团军任司令员。

他把这两个选来的助手派上了重要用场。

9月13日，德军又以两个步兵师、一个坦克师和一个机械化师的兵力向乌里茨克方向进攻。很快突破了苏军防线，攻占了康斯坦丁诺夫卡、索斯诺夫卡、芬兰科伊洛沃，继续向前推进。

在这危急情况下，朱可夫将唯一剩下的一支预备队步兵第10师投入了战斗。

9月14日晨，在炮兵和航空兵的支援下，步兵第10师对敌人实施迅猛的突袭，予敌人重创，重新夺回了索斯诺夫卡和芬兰科伊洛沃。

次日，德军再次进攻，又投入大量兵力，双方经过浴血苦战，德军在傍晚攻入芬兰湾，把苏军第8集团军同列宁格勒切隔开了。

这样守卫列宁格勒的苏军只剩下第42集团军和第55集团军了。

德军已经取得了近距离围攻列宁格勒的条件。

但是，随着列宁格勒城防计划的逐步实施，德军的进攻一次次被击退。

对列宁格勒久攻不下，希特勒气得嗷嗷直叫。他下令德中央集团军群向莫斯科进攻，开始执行代号"台风"的进攻战役。

9月30日，莫斯科大会战打响了。

英明的决断

莫斯科会战一打响，苏军就接连失利。

德军一开始就投入了一百八十万的兵力，一千七百辆坦克和一千三百九十架飞机，分别从西面和南面同时向莫斯科发动进攻。

担任莫斯科防御任务的西方面军、预备队方面军和布良斯克方面军，在十几天里伤亡惨重。

德军在南部占领了奥廖尔和布良斯克，在中部将苏联四个集团军合围在维亚兹马地区。

在莫斯科战役的前半个月，德军完成了三个大的包围圈，苏军损失了六十六万多人。

莫斯科面临极大的威胁。

在这危急关头，斯大林紧急召回在列宁格勒指挥作战的朱可夫。

10月7日傍晚，朱可夫来到斯大林的住处。

斯大林先向朱可夫简单介绍了一下战役情况，然后说：

"你先到西方面军去了解一下情况，那里的情况很严重。你随时向我报告，我们要对下一步作战进行部署。"

朱可夫到西方面军后，很快向斯大林报告：西方面军被打散了，集团军之间失去联络，有的集团军与司令部也失去联系。

10月10日，斯大林又派去了一个工作小组，由莫洛托夫、伏罗希洛夫、华西列夫斯基和马林科夫等人组成，让他们协助方面军指挥员尽快建立起新的防线。同时，任命朱可夫为西方面军司令员。

朱可夫和新改组的西方面军司令部成员很快开始工作。他们把统帅部调来的十一个步兵师、十六个坦克旅、四十多个炮兵团充实到第16、第5、第43和第49集团军中，每个集团军都配备了新的指挥员。

为了加强纵深防御，朱可夫命令在第一梯队后面部署预备队并修筑许多防坦克障碍物。

从10月13日起德军又发动了全线进攻，并突破卢卡加防线，迅速向前推进，很快从西、北、南三个方面包围了莫斯科。

莫斯科处在危急之中。

希特勒和他的将军们举杯相庆，他叫嚣：

"我们的勇士们已经完成了对莫斯科的三面包围，10月底攻占莫斯科绝没有问题。"

在希特勒洋洋得意的时候，斯大林却抽着烟斗，静静地看着地图。

这时，莫洛托夫走了进来，说：

"报告斯大林同志，按照你的指示，已经将中央部分机关和所有外交使团疏散到古比雪夫市。同时，把特别重要的国家物品也运出了莫斯科。总参谋部已转移到地铁站。"

斯大林未从地图上移开目光，说：

"我知道了。"

莫洛托夫又说：

"斯大林同志，同志们托我转达一个意见，请你也离开莫斯科……"

斯大林怔一下，转对莫洛托夫，说：

"我不同意这个意见。传达下去,不许任何人再提这件事。"

斯大林坚定地留在莫斯科,给人民以极大的鼓舞。

10月20日,国防委员会宣布莫斯科及其附近地区实行戒严。莫斯科市委号召首都人民不惜一切代价,配合红军誓死保卫莫斯科。

在战争开始不久,莫斯科已经组建了二十一个民兵师,其中有工人、工程师、学者和艺术工作者。实行戒严后,莫斯科的劳动者又组成几百个战斗队,约有十万人参加了不脱产的军事训练。后来,他们都被编入了正规部队投入战斗。

几十万人(多是妇女、老人)不分昼夜地修筑防御工事,他们要把近郊变成不可逾越的堡垒。

莫斯科周围的战斗仍在激烈地进行:

北面,德军攻克加里宁。10月17日,最高统帅部重组加里宁方面军,任命科涅夫上将为方面军司令员。半个月后,科涅夫使加里宁防线的防御得到了稳定。

南面,德军久攻图拉不下,德军右翼集团军被牵制住了。

只有西面德军还在不断向前推进,战斗异常惨烈。

到10月底,德军已经被削弱了进攻的锋锐,虽然已向前推进了二百五十公里,可是在最后不到一百公里的地段竟寸步难行。

十月革命节就要到了。

这天,斯大林让人把莫洛托夫和贝利亚叫到他的办公室,说:

"今年的庆祝活动准备得怎么样了?"

两个人互视一眼,贝利亚说:

"报告斯大林同志,我们还未作准备,因为考虑到不安全。"

莫洛托夫附声说:

"是的,敌人的飞机不断轰炸,太危险了。"

斯大林说：

"敌人的飞机我让朱可夫去对付，你们尽快准备好庆祝活动吧。还要安排阅兵式，把整个庆祝活动做成纪录片，向全国播放。"

11月1日，朱可夫被斯大林召回莫斯科。

斯大林一见朱可夫就说：

"我们决定今年的十月革命节还要召开庆祝大会，还想举行阅兵式。你看前线的形势允许我们这样做吗？"

朱可夫回答：

"敌人在最近几天内不会发动大规模的进攻。他们在遭到严重损失后，需要重新补充兵力和进行调整部署。"

这样，斯大林决定庆祝活动和阅兵式照常举行。为防备敌人空袭，从友邻部队调来战斗机，加强空防力量。

11月6日，首都人民在马雅可夫斯基地铁站隆重举行了纪念十月社会主义革命二十四周年庆祝大会。斯大林在会上作报告，总结了四个月来的战争情况，宣布希特勒的"闪电战"计划已经破产。

11月7日上午，莫斯科的上空飘着细小的雪花，红场上红旗招展，歌声口号声此起彼伏。

首都军民正在这里举行十月革命节阅兵式。

斯大林身穿元帅服，和苏联最高统帅部的将领们站在列宁墓上检阅红军队伍。

斯大林发表了简短而令人鼓舞的演讲：

同志们！今天是在严重的情况下庆祝十月革命二十四周年的。德国强盗背信弃义的进攻和强加于我们的战争，造成了对我国的威胁。

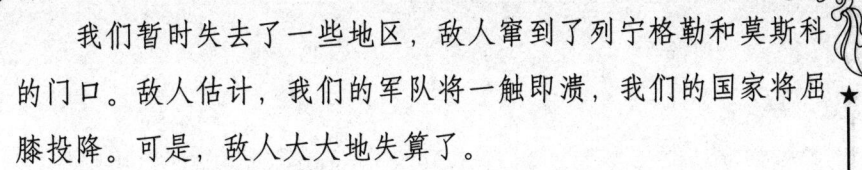

我们暂时失去了一些地区，敌人窜到了列宁格勒和莫斯科的门口。敌人估计，我们的军队将一触即溃，我们的国家将屈膝投降。可是，敌人大大地失算了。

我们的陆海军虽然暂时失利，但是整个战线上正在英勇地抗击敌人的进攻，给敌人以重创，而我们的国家，我们举国上下，却已经组成了一个统一的战斗堡垒，同我们的陆海军一起，共同粉碎德国侵略者。

我们的国家曾经经历过比现在的处境更加严重的日子。请回忆一下1918年我们庆祝十月革命一周年的情形。

当时我国四分之三的领土都在外国武装干涉者手中。我们暂时失去了乌克兰、高加索、中亚细亚和远东。

当时我们没有同盟国，我们没有红军（那时我们才刚开始建立红军），我们缺乏粮食，缺乏武器，缺乏服装。

当时有十四个国家围攻我国。可是，我们并没有灰心，并没有丧气。当时我们在战争的烈火中组织起了红军，并把我国变成了一座军营。

当时，伟大的列宁的精神鼓舞我们为反对武装干涉者而战。结果怎么样呢？结果我们粉碎了武装干涉者，收复了全部失地，取得了胜利……

斯大林的演讲博得广场上一阵阵的欢呼。

随后，全副武装的苏联红军从红场直接开赴前线。

斯大林以他超人的胆略和气魄，在危急中的莫斯科举行庆祝活动和阅兵式，这是他英明的决断。此壮举大长了苏联人民的志气，增强了苏联军民战胜德国法西斯的信心。

大反攻

红场阅兵,表现了斯大林对希特勒的轻蔑。

希特勒知道后,气得要发疯了,吼叫着:

"进攻!进攻!进攻!一定要在一周内把红场踩在脚下!"

11月15日,德军向莫斯科发动了第二次大规模的进攻。德军集中了七十四个师及四个旅的兵力,从南、北、西三面向莫斯科迅猛推进。

苏联西方面军也补充了十万人,共计五十三个师及十四个旅。

经过几天的激战,11月23日,德军占领了莫斯科以北的克林。29日,有一小股德军渡过了莫斯科——伏尔加河运河。这样一来,莫斯科已处在德军大炮的射程之内,德军用望远镜隐约可以看见克里姆林宫的尖顶了。

希特勒听到报告,兴奋得满屋地转圈子,说:

"好极了!真是好极了!我们的勇士们打得多么出色啊!"

他命令陆军元帅博克:

"我们跨进莫斯科只剩一步了!跨过去,勇敢地跨过去!我们要在莫斯科举行盛大的胜利庆典,让整个世界都在我们面前发抖吧!"

莫斯科危在旦夕。

这天,贝利亚走进斯大林办公室,说:

"报告斯大林同志，根据政治局委员们的建议，你应该尽快离开莫斯科。你是我们胜利的保证，党不允许你这样冒险……"

斯大林抬起头，放下手里的铅笔，对贝利亚说：

"你说错了，贝利亚同志。党需要的是坚强的战士，军队需要的是坚强的统帅。莫斯科比任何时候都需要我留在这里。"

又低下头，把目光投向桌上的地图，说：

"去做你的工作吧，贝利亚同志。"

贝利亚欲言又止，可还是退了出去。

斯大林又看了一会儿，然后让身边的人要通了朱可夫的电话。

他很严肃地问道：

"朱可夫同志，我怀着沉重的心情在向你提问，请你以一个共产党员的诚实回答我：你坚信我们能守住莫斯科吗？"

朱可夫坚定而果断地回答：

"报告斯大林同志，毫无疑问，我们能够守住莫斯科。但是你还得给我两个集团军和二百辆坦克。"

斯大林提高了声音：

"你有这样的信心，这很好！你往总参谋部打个电话吧，看你要的两个集团军在哪里集中，它们在11月底会准备好的。但是坦克还不能给你。"

11月底，朱可夫果然得到了他要的两个集团军。

苏军在得到预备队的增援后，各兵种协同作战，把攻到莫斯科近郊的德军击退，解除了敌军从北面和西北面突入莫斯科的危险。

12月1日，德军在侧翼遭到失败后，便从正面向莫斯科发起更为猛烈的进攻。

苏军调集优势兵力奋起阻击，经过五天激战，终于把德军击退到纳拉河西岸。

12月5日，在环绕莫斯科周围二百公里的半圆形阵地上，德军被全线制止住了。德军元气大伤，在第二阶段战役的二十天里，伤亡十五万五千余人，损失坦克约八百辆，大炮三百多门。

德军跨向莫斯科这最后一步，硬被苏军挡住了。看来希特勒发动的"台风"攻势已难以成功，他想在1941年打败苏联已不可能。

斯大林听到前线的战报，半天没吭声，静静地抽着烟斗。

总参谋长沙波什尼科夫问道：

"斯大林同志，关于下步作战，需要对前线给予明确的指示。"

斯大林似乎下定了决心，说：

"告诉朱可夫立即组织反攻。"

顿了顿，又说：

"再把第1突击集团军、第10集团军和第20集团军给朱可夫。"

12月6日凌晨，莫斯科大反攻开始了。

在密集的空袭和炮火的轰炸之后，朱可夫指挥西方面军从莫斯科南北两面同时出击。加里宁方面军从北面予以配合。

进攻的第一天就突破了敌人的防线。

经过十天激战，西方面军左右两翼部队夺回了莫斯科以北的加里宁、克林、索尔涅奇诺戈尔斯克、科留科夫等市，解除了德军对图拉的包围。

德军从莫斯科南北溃退时，又遭到了苏联空军的轰炸，受创惨重，几乎是全军覆没。

在这次大反攻中，苏军把敌人赶离莫斯科二百公里，解放了一万一千余个居民点，从而解除了敌人对莫斯科的包围。

此外，苏军北南线传来捷报：在北方苏军解放了齐赫文市；在南方夺回了刻赤半岛，减轻了敌人对塞瓦斯托波尔的压力。

莫斯科大会战的胜利对全苏军民都是极大的鼓舞。

斯大林决定乘胜前进，发动全线进攻，由前阶段的战略防御转入战略进攻，这是斯大林的英明决策。

在战争进程中，斯大林逐渐成了一个比较成熟的军事家。战争爆发后，他一边指挥作战，一边学习军事著作，活学活用，理论加实践，使他军事素养极大地提高。

华西列夫斯基评价说：

"斯大林把极重的担子挑在自己肩上，同时也不宽容别人。恐怕在任何时期都没有像卫国战争期间最充分地显示了斯大林极为坚强的品格：他是一个卓越的组织者。"

他又说：

"斯大林是一个具有深大智慧的人……他开始越来越以现代化战争的观念来进行深刻的探索，极为成熟地解决军事技术问题……斯大林不仅变得通晓军事战略——因为他是政治战略大师，所以通晓军事战略对他来说是轻而易举的——而且通晓战役学。因此，他对制定战役的过程产生了十分有力的影响。他在军事战略和战役学方面的知识大大超过了战术学的知识（其实，他也不一定要懂得战术学的一切细节）。我认为，斯大林无疑可列入杰出统帅之列。"

从1942年1月8日起，苏军转入全线反攻，德军连连失利，受到重创。

苏军的胜利除了自身战斗力加强之外，与德军疲惫和装备不足也有关，还有一个原因，就是老天爷帮了苏军：这年的冬天特别寒冷，而且提前半个月来临了，让缺乏准备的德军深受其苦。

希特勒看着德军接连溃败，气得两眼喷火，先后撤销了一批重要的高级将领，亲自担任陆军总司令。

但这个狂人不是真疯子，他知道可怕的冬季不利于德军作战，就下令德军且战且退，转入防御，等到夏天再进攻。

1942年夏天，德军重整旗鼓，又纠集了五十二个师开始了大规模的进攻。

这次德军主要进攻方向是斯大林格勒，希特勒企图夺取高加索油田和伏尔加河地区，占领具有重要战略意义的斯大林格勒。

对于德军的这次进攻，苏联最高统帅部又出现判断失误。他们以为德军还会主要进攻莫斯科，因为德军在这里部署了七十多个师，一百多万人。于是决定南线（斯大林格勒方面）防御，西线进行重点突击，这样就忽略了斯大林格勒方面的潜在危险。

由于苏军对南线没有投入更多的兵力，德军进攻连连得逞，5月15日，德军占领了刻赤半岛，7月4日，又攻下了塞瓦斯托波尔要塞。在德军全面进攻下，苏军一个月时间里且战且退，德国占领了顿河和顿巴斯最富饶的地区。

7月24日，罗斯托夫又被德军占领，从而打开了进攻斯大林格勒的道路。

就这样，德军又夺回了战略主动权。

苏联的战势又告危急：莫斯科敌人重兵压境，虎视眈眈；列宁格勒孤城一座陷入重围；斯大林格勒又面临危险。

而这三个城市哪个也不能丢，都必须誓死保卫。

为了保卫斯大林格勒，斯大林做出以下紧急部署：

一、成立斯大林格勒方面军，编制内有四个集团军，构筑五百余公里的顿河防线。

二、在顿河至伏尔加河之间，动员十八万人修建防御工事。

三、发布最高统帅第277号命令，指出死守斯大林格勒，寸土不让。

四、任命哥尔多夫和叶廖缅科分别担任斯大林格勒方面军和东南方面军的司令员。

五、命令朱可夫率领新增部队近卫第1集团军、第24集团军和第66集团军，在斯大林格勒以北的洛兹诺耶地区，对突入伏尔加河的德军进行反突击，以牵制敌人，减缓斯大林格勒的压力。

朱可夫率领的三个集团军在斯大林格勒保卫战中，起到了奇兵的作用，他们的进攻，把本来进攻斯大林格勒的德军大量部队引向北部，为准备大反攻赢得了宝贵时间。

斯大林运筹帷幄，他以过人的智慧和胆略，在苏军防御阶段，就命令朱可夫和华西列夫斯基着手制订反攻计划。

希特勒已经下决心要占领斯大林格勒，不断增兵，9月13日，德军攻进了市区，与苏军展开巷战。短兵相接，刺刀见血，战斗更为惨烈。

德军一次次攻进城区，又一次次被击退出城去。到11月，德军进攻主力第6、第4集团军伤亡惨重，难以再组织起有效的进攻了。

而斯大林格勒仍在苏联英勇的军民手里。

就在斯大林格勒激战时，斯大林与朱可夫和华西列夫斯基三人已经制订出了大反攻计划。

这计划只有他们三人知道，代号为"天王星"。

大反攻前，斯大林秘密调集了十一个集团军，四个坦克军，两个机械军和若干独立部队，并准备了一万余门火炮和迫击炮，约九百辆坦克，一千四百多架飞机。

苏军兵力和在这一线的德军不相上下，但坦克比德军多。

斯大林这次"运作"棋高一招，出乎希特勒意外。

希特勒以为苏军在西线可能组织反突击，便从10月份向西部集结兵力，他未料到斯大林对他进行大规模的反攻。

斯大林对这次大反攻非常谨慎，每个环节都亲自过问。除了兵力的调集，在物资准备上也亲自组织。

战役前后，有两万七千辆汽车承担运送部队和物资的任务，铁路每天要运送一千三百节车厢的物资。

1942年11月19日晨，斯大林格勒大反攻战役打响了。苏军全线出击，排山倒海般的扑压向德军。

面对苏军迅雷不及掩耳的大反攻，希特勒十分震惊。他甚至来不及调集部队，一个个坏消息传来：德军纷纷败退。

最可怕的消息是由保罗斯元帅统领的二十二个师约三十万人被苏军包围了。

保罗斯元帅在1943年1月8日接到苏军限他二十四小时内投降的最后通牒后，发电请求希特勒允许他随机行事。

但希特勒回电告诉他不许投降。

1943年1月10日，苏军对包围圈内的德军展开进攻，五千门大炮一顿轰击，德军已被轰得溃不成军。

1月24日，保罗斯再次电请希特勒允许投降，并说如不投降会全军覆没。

希特勒回电：

"要战斗到最后一兵一卒一枪一弹！"

1月31日，斯大林格勒市中心德军全部被歼。德第六集团军司令保罗斯及其司令部全体官兵全部被俘。保罗斯让他的参谋长代他在投降书上签了字。

2月2日，被包围的德军全部投降或被歼。

至此，经过二百天的鏖战，斯大林格勒大会战以苏军胜利而告终。在这次战役中，德军共损失了一百五十万人，是希特勒发动战争以来最惨重的一次失败。

斯大林格勒大会战又被称为是斯大林军事指挥的一个里程碑，标志着一位杰出军事家完全成熟了。

三巨头

作为政治家，斯大林在国际舞台上的表现丝毫也不逊色。

苏德战争爆发后，经过他的外交手段，很快与美英结盟，1941年10月1日，经过多轮磋商，英、美、苏签订了一个协议。规定：从1941年10月1日到1942年6月30日，英美两国每月向苏联提供四百架飞机、五百辆坦克以及其他各种武器和军用物资，苏联向英美大量供应这两个国家急需的原料。

在与英美打交道中，虽然斯大林还未与另外两巨头会面，他对罗斯福和丘吉尔却有不同的看法。

他认为罗斯福说话算数，彼此形成了尊重的关系；而认为丘吉尔华而不实，说得好听，做得却不漂亮，所以斯大林不怎么信任丘吉尔。

从向苏联提供的物资援助上看，丘吉尔不如罗斯福慷慨大方，英国给苏联的武器水平较差。

罗斯福有一件事让斯大林挺感动：

1941年12月7日，日本偷袭珍珠港，发动了太平洋战争。四天后，德、意、日签订了对美英共同作战协定。从此，美国被拖进二战。

随后，又有一些国家相继对日宣战，美国政府倡议所有对轴心国作战的同盟国家签署一项共同宣言，即《联合国家宣言》。

伟人的青少年时代

二战盟国三巨头

斯大林深为苏联在"宣言"上签字感到为难，因为日本没有对苏宣战，如果得罪了日本，苏联就将陷入东西两线同时作战，这是希特勒求之不得的。

可是如果不在"宣言"上签字，又担心得罪了美英，使他们停止援助苏联。

罗斯福非常体谅苏联的难处，没有要求苏联在对日作战"宣言"上签字。

通过这件事罗斯福赢得了斯大林的尊重。

斯大林不信任丘吉尔，主要事件是体现在西欧开辟第二战场上。

1942年春，苏联战势仍然十分严峻。英美担心苏联在强大的压力下与德国和解，那样希特勒腾出手就会全力进攻英国。于是，英美主动提出在欧洲开辟第二战场，在希特勒背后捅一刀，给苏联提供实际的军事援助。

斯大林当然希望英美早日开辟第二战场。当他听到莫洛托夫报告的这个好消息，高兴地说：

"我们有理由为这好消息干上一杯！"

但丘吉尔却不赞成罗斯福提出的在1942年8月开辟第二战场。他专程飞到华盛顿，对罗斯福说明英美在1943年春开辟第二战场最合适，而在此之前，应该实施在北非登陆的作战计划。

罗斯福被丘吉尔说服了，双方达成一致意见，把开辟第二战场行动取名为"火炬"。可是，对斯大林怎么解释呢？

丘吉尔自告奋勇，决定亲自到莫斯科向斯大林解释。

1942年8月12日下午，丘吉尔同美国总统的私人代表哈里曼一起抵达莫斯科，受到了仪式隆重的欢迎。

晚上，他们到克里姆林宫与斯大林会谈。

会谈中，丘吉尔解释了推迟开辟第二战场的原因：他说英美军队集结需要一定的准备时间，而且德军西线兵力雄厚，现在开辟第二战场不合时宜，决定在下一年行动。

斯大林听完，很不客气地说：

"首相先生夸大了德军在西欧的兵力，也延长了准备的时间，这些只是首相先生推迟开辟第二战场的借口。对此，我不能同意。"

他表示不能同意，可他拿英美也没办法。

到1942年12月，英美首脑想和斯大林举行一次会晤，共商大计。

可正值斯大林格勒会战打得难解难分，斯大林脱不开身，他建议用通信的方式讨论问题。

斯大林不参加会晤，英美首脑在1943年1月中旬在卡萨布兰卡会晤，讨论盟军的下一步行动。讨论的结果是盟军先实行进攻西西里岛的"哈斯基"计划，把在欧洲开辟第二战场的问题推到1944年。

英美两巨头是心照不宣，越晚开辟第二战场对他们越有利，至少在此之前苏德已拼得两败俱伤了。

会晤之后，两巨头联名致电斯大林，通报了会议内容，关于开辟第二战场问题措辞含糊，只表示："准备在切实可行的时刻重新进入欧洲大陆。"

斯大林给两巨头电报中表示：请明告1943年开辟欧洲第二战场的作战计划和准确日期。

这等于将了两巨头一军。他们只好回电实话实说，辩解说开辟第二战场的行动要取决于德军在法国领土的防御状况。

斯大林知道英美又一次食言了，很生气，在回电中说：你们这样一再拖延在法国开辟第二战场是危险的，我尤其对你们在这个问题上的含糊其辞感到失望。

两巨头只能用沉默应付斯大林的愤怒。他们知道斯大林对他们无可奈何。

1943年5月，丘吉尔对开辟第二战场仍然态度消极，而罗斯福却认为到时候了。经罗斯福一再坚持，最后商定：最迟在1944年5月1日前开辟欧洲第二战场，并为之取名"霸王"行动计划。

斯大林知道这个消息再一次表示失望和愤怒。

丘吉尔致函斯大林进行辩解，罗斯福躲在一旁不吭声。

1943年7月，"哈斯基"作战计划顺利进行，意大利战败已成定局。关于盟国下步行动，罗斯福主张执行名为"霸王"的开辟第二战场计划，可丘吉尔仍缺乏热情，提出一些借口想继续推迟。

但罗斯福态度坚决，丘吉尔最后做出让步。8月19日，两巨头联名致电斯大林：强调召开三巨头会议，主要商议开辟第二战场的问题。

斯大林当然不会与英美赌气，他知道开辟第二战场对苏联至关重要，他同意了两巨头的意见。

为了三巨头会晤，三国外长先召开会议，就一些事宜进行商讨，最后确定了时间和地点。

1943年11月27日，斯大林在莫洛托夫等人的陪同下，飞抵伊朗首都德黑兰，住进苏联大使馆。

在这次会晤中，斯大林与英美两巨头斗智斗勇，终于使两巨头表态：1944年5月执行"霸王"计划，在欧洲开辟第二战场。

德黑兰会议结束后四天，即1943年12月5日，艾森豪威尔将军被任命为"霸王"战役英美部队最高司令。

1944年6月6日凌晨，诺曼底登陆战役正式打响。但战役开始不久，盟军就因德军在阿登地区大规模反攻而陷于危险境地。

丘吉尔和罗斯福商量对策。罗斯福让他向斯大林紧急求援，因为只有苏军在东线尽快发起攻击，才能减弱德军对西线的压力。

丘吉尔知道自己怎么对待过斯大林，自知难以启齿。可为了前线被困的英军，他只好硬着头皮，用近乎恳求的口吻给斯大林写了封亲笔信：

> 我们能否指望苏联于1月间或您愿意指明任何时间在维斯瓦河战线或其他某地发动大规模进攻。如您能告知我这一点，我将十分感激……

出乎丘吉尔的意料，斯大林很快回信，回答得也干脆：

> 不晚于元月中旬在中央全线对德军展开广泛的进攻。可以相信，为了援助我们光荣的盟军，我们将做好我们所能做到的一切。

捧读斯大林的回信，丘吉尔心中升起一丝惭愧，不由想起自己对斯大林在战争初期请求援助的回信：

目前，我们所能提供的只是沧海一粟，在冬季到来之际，不可能向你们提供任何重大援助，其中包括第二战场问题。

惭愧归惭愧，利益归利益，丘吉尔又为战后的利益分配动起了心机。

抢占柏林

1944年初，苏军对德军连续发动了十次重大的战略性战役，苏联史称"斯大林式的十大突击"。

可以说这是斯大林作为军事家的杰作。

在"斯大林式的十大突击"之后，德军受到重创，损失了近二百六十万人，苏军几乎恢复了战前全部国境线。

在1944年夏天欧洲第二战场开辟后，希特勒腹背受敌，穷于应付，陷入被动，而苏联已陈兵边境准备要大干一场了。

斯大林接到丘吉尔的求援信，并未食言，把进攻时间提前了八天，于1945年1月12日对德军发起了进攻。

这一次战役打了二十天，苏军西进五百七十公里，强渡奥得河，抢占了河西岸桥头堡，距柏林只有六十多公里了。

苏军攻到奥得河就停下来，与德军对峙。

同时，苏军在上西里西亚战役和东波美拉尼亚战役也大获全胜。

战争打到了德国本土，希特勒还想做最后挣扎。苏军又投入了一六十七万人发动了东普鲁士战役，历时三个月，消灭了德军大量有生力量。

这时，希特勒知道，在军事上他很难挽回败局了，只好靠外交手段缓解危局。他试图单独与英美讲和，以便集中全部兵力与斯大林决一死战。

而这时，英美与苏联之间的矛盾和不信任也越来越明显。

丘吉尔在给罗斯福的信中担心，一旦希特勒被斯大林赶出东欧和东南欧国家，会大大削弱西方国家在这一地区的影响，导致伦敦和华盛顿所不希望产生的政治后果。

他建议尽快举行三巨头会晤，弄清斯大林的真正意图，如果有必要就用某些义务"约束"斯大林。

罗斯福却认为举行高级会晤时机不当，特别是他要关注美国总统大选情况，因此不能出国。

斯大林也推辞说，由于医生反对和战场上军务繁忙，最近也离不开莫斯科。

丘吉尔只好自己跑去和罗斯福密谋。他认为巴尔干是欧洲经济和战略要地，英国计划抢在苏军之前占领中欧和巴尔干。他希望得到罗斯福的支持。

罗斯福表示同意，但要求英军首先加速欧洲西部的进攻，不能战争还未结束，就先忙着和苏军抢地盘。

然而，随着苏军在南线的胜利推进，丘吉尔的"巴尔干战略"破产了。

丘吉尔坐不住了，亲自跑到莫斯科会晤斯大林，以探虚实。

见面后，丘吉尔很快提到了巴尔干问题，说：

"我们谈谈巴尔干的问题吧。你们的军队在罗马尼亚和保加利亚，我们在这些地方也有自己的利益，就我们两国而言，怎样做才能使你们在罗马尼亚占90%的优势，我们在希腊也有90%的发言权？而在南斯拉夫方面则平分秋色？"

斯大林以还应该考虑一下，没有明确回答丘吉尔。

两天后斯大林和丘吉尔又一次会谈，就巴尔干的势力划分达成一致协议。斯大林还表示同意举行三巨头会晤，前提是他不能离开苏联。

丘吉尔急忙与罗斯福联系，在他的劝说下，罗斯福答应举行会晤。

经过三方反复磋商，罗斯福终于同意1945年2月抵达克里米亚的雅尔塔出席三巨头会晤。

1945年2月4日下午5时，在雅尔塔的利瓦里亚宫大厅召开了第一次全体会议，由罗斯福主持。

这次会议是商讨军事问题，由苏军副总参谋长安东诺夫大将和美军总参谋长马歇尔上将分别报告了苏军与盟军作战情况。

然后三方就军事行动配合问题交换了意见。

可以说，这次会议还是比较愉快的。

次日，召开第二次会议，商讨政治问题，也就是关于德国前途问题。斯大林特别提出德国的赔款问题，强调赔偿总额应为两百亿美元，其中一半应归苏联。经反复商讨，三巨头对一系列问题达成一致意见。

2月8日，斯大林与罗斯福单独会晤，商讨苏联如何对日宣战的问题，斯大林仍然坚持苏联在打败德国后，需三个月休整准备然后才能对日宣战。并向罗斯福提出了政治条件。

总的来说，雅尔塔会议，斯大林为苏联争得了很大利益。

希特勒获悉三巨头在雅尔塔会晤，知道与英美讲和已不可能。他下令在西线向英美盟军投降，并派出沃尔夫将军与英美代表秘密会晤，商谈投降事宜。

这是希特勒的一个阴谋，以投降为名拖住盟军，然后把西线兵力秘密调往东线迎击苏军。

英美想接受希特勒的投降抢先苏军占领柏林，于是派出谈判代表与德国沃尔夫将军接触。

3月23日，斯大林得知这一"意外事件"，非常气愤，立即令外长莫洛托夫交给美外长一份照会，"公开地对美国的诚意表示怀疑"。

攻克柏林

　　罗斯福面对苏联政府的强烈抗议，派人给斯大林送去一封亲笔信，做出轻描淡写的解释，还说这可能是一场误会。

　　4月7日，斯大林给罗斯福打长途电话，说：

　　"我不得不告诉阁下一个严重的情况，德军已经从西线抽调出二十个师投到东线，我们面前已经有德军一百四十五个师了。而在西线，希特勒只用一个投降的漂亮承诺就抵抗住了盟军的进攻！"

　　斯大林知道英美有自己的想法，罗斯福也不会因为苏联的抗议改变他的决策。不管盟军能不能与德国签订投降协定，苏联必须迅速抢占柏林。

　　他命令朱可夫和科涅夫两人各制订一份柏林战役计划，两天之内向最高统帅部报告。

　　在向最高统帅部提交作战报告时，两位元帅都希望最高统帅部采纳自己制订的最后作战计划。那样，他们就可以拿着自己的作战计划回到自己的方面军实施作战了。

两位元帅各执一词，都认为自己的方面军应该担负主攻柏林的任务。

总参谋部一些成员建议，由两个方面军发动一次钳形攻势，但这建议与两位元帅的作战计划相抵触。

最后拍板决定还得靠斯大林。

斯大林听完两位元帅的计划，左手端着烟斗，走到挂图前，右手拿起彩色铅笔在两个方面军之间画了一条线。这条线的终点是在柏林东南约三十七英里的施普雷河上的吕本。

斯大林放下铅笔，投目两位元帅，说：

"你们谁先到这儿，谁就参加攻占柏林。"

斯大林刚刚确定攻占柏林的计划，4月12日，传来了罗斯福总统猝然去世的噩耗。

斯大林心头一震，慢慢坐到椅子上，脱口说道：

"他的不幸去世是世界的损失。"

罗斯福的去世却给希特勒带来一线生机。戈培尔4月13日给躲在帝国办公大楼防空地下室的希特勒打电话：

"我的元首，我向您祝贺！奇迹终于发生了，罗斯福死了！星象图写得清清楚楚，4月下旬是我们的转折点。今天是4月13日。"

但相信奇迹的希特勒还未振作起来，1945年4月16日，柏林战役开始了。

希特勒下令死守柏林，并迅速组建起一百二十万人的作战部队。为阻止苏军，在柏林以东构筑三道防线，又把市区划分为九个防御区，分兵防守。

苏联投入柏林战役的有三个方面军，共二百五十万人，大炮和迫击炮四万多门，六千多辆坦克，七千五百多架飞机。

战役从4月16日凌晨打响，到下午15时，朱可夫给斯大林打电话报告：

"报告斯大林同志，我军已经攻破敌人第一道防线，但被敌泽劳弗高地阻挡住了。"

斯大林说：

"坦克上不去就用飞机轰炸，用重炮猛轰。科涅夫那边比你这里要顺利，他已经渡过了尼斯河。晚上再给我打电话。"

晚上朱可夫打电话报告，仍未能攻破泽劳弗高地。

斯大林有些生气，说：

"你告诉我，明天就是4月17日，有把握攻克泽劳弗防线吗？"

朱可夫果断地说："一定能！"又补充说：

"我认为，敌人为抵抗我军在这里投入的兵力越多，越对我们攻克柏林有利，因为我们的坦克在城外比在城内更容易发挥威力。"

斯大林说：

"我决定让科涅夫的两个坦克集团军从南面突击柏林，让罗科索夫斯基加速渡河，然后从北面对柏林实施迂回突击，这样可以支援你们。"

4月17日傍晚，坦克群在飞机大炮一顿狂轰滥炸之后，终于突破了泽劳弗高地的防线，敌人开始退却。

4月18日晨，苏军终于攻克泽劳弗高地。

4月19日，苏军突破柏林郊区防御，逼近城区。

4月21日，苏军攻入市区，同德军展开激烈的巷战。

4月24日，白俄罗斯第一方面军和乌克兰第一方面军的部队在柏林东南会合，从而切断了德军第九集团军、第四坦克集团军与柏林的联系，并将这支约二十万人的德军包围在奥得河上的法兰克福——古比地区。

次日，苏军两支方面军完成了对柏林合围。

柏林已变成一座火城，一座人间的地狱。

4月30日下午，苏军占领了拥有德国最高权力机构的国会大厦。苏军战士把一面红旗插在国会大楼的圆顶上。

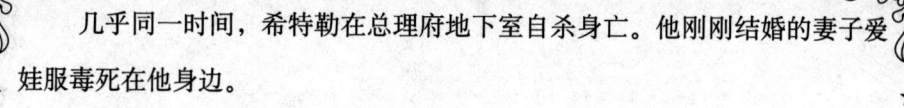

几乎同一时间，希特勒在总理府地下室自杀身亡。他刚刚结婚的妻子爱娃服毒死在他身边。

5月2日下午，苏联红军攻克柏林。

对日宣战

5月1日凌晨3时50分,斯大林刚躺下想打个盹,值班将军进来报告:朱可夫同志从柏林打来电话。

斯大林来到外屋电话机旁,接过话筒说:

"我是斯大林"。

朱可夫在电话里说:

"报告斯大林同志,希特勒已于4月30日下午自杀。我们收到戈培尔请求停战的信函,德军同意投降。"

斯大林问:

"那只野兽的尸体呢?"

朱可夫回答:

"据德陆军总参谋长克列勃斯将军说,希特勒的尸体已经烧掉了。"

斯大林说:

"不要同法西斯谈判,让他们无条件投降,不然就予以消灭。天亮之前别给我打电话了,我想睡一会儿了。"

是啊,他总算可以安稳地睡一觉儿了。

他太累了。

5月7日，在西方盟军司令部所在地兰斯，德国政府代表向英、苏、美代表签署了无条件投降书。

但是斯大林对兰斯的投降仪式不满意。他当天给朱可夫打电话，声明德国要在苏联等所有反希特勒联盟各国的最高统帅部面前签署投降书，而不是只在同盟军最高统帅部面前签署。建议兰斯的受降仪式是预演，然后改在柏林正式签署。

5月9日，在柏林又正式签署了投降书。

当天，斯大林发表了《告人民书》：

"战胜德国这一伟大的日子来到了。法西斯德国被迫向红军和我们盟国的军队屈膝，承认自己已经战败并宣布无条件投降了……"

6月24日，在莫斯科红场举行胜利阅兵式。

在检阅台上，斯大林与朱可夫并肩站在一起，不远处站着盟军最高司令艾森豪威尔将军。

斯大林仍然是那平静中透出威严的表情，望着从眼前走过的雄壮之师，他知道战后的苏联仍然是强大的。

6月26日，斯大林接见了美国新任总统杜鲁门的特别助理霍普金，建议盟国应该按时在柏林举行首脑会晤。

杜鲁门和丘吉尔同意在柏林会晤，但把时间推迟到1945年7月15日。

斯大林并不知道，杜鲁门提出拖延时间的真正原因是美国准备试验原子弹。

原子弹爆炸的威力当然能提高美国总统说话的分量。

7月17日，斯大林和莫洛托夫及随行人员乘专列抵达柏林西南的波茨坦。

在正式开会前，斯大林会见了杜鲁门。

双方交谈的主要问题是对日作战的问题。斯大林出于对已故盟友罗斯福的尊敬和对美国出兵攻打德国的回报，信守诺言，表示：

"我们准备在8月中旬参加对日作战"。

但杜鲁门对此反应淡漠。

美国人的态度怎么变了？

因为德国已经无条件投降，美国制造出了原子弹已经不怕日本不投降了，这样就没必要让苏联对日参战，可以避开斯大林提出的那些政治条件。

斯大林有所觉察，于是转移了话题。

7月17日晚，三国首脑开始了正式会谈。

为了使自己的话强硬起来，杜鲁门在会议的第一天就向丘吉尔透露了美国原子弹试爆成功的消息。

可丘吉尔深知斯大林的为人，提醒杜鲁门说：

"你未必吓唬得住他。他是一个不容易征服或者根本不能征服的人。"

果然，会谈中斯大林根本不管杜鲁门的威胁，寸步不让。

会谈后发布了《波茨坦公告》，其中排除了苏联对日宣战的必要性。

8月6日，美国在日本广岛投下了一颗原子弹。

斯大林知道美国人这颗原子弹炸的是日本，威胁的却是苏联。

美国是想阻止苏联对日宣战，以达到它战后在南亚、东南亚及远东称霸的目的。

可斯大林没被原子弹吓住。

8月8日，斯大林让苏联外长莫洛托夫召见日本驻苏联大使佐藤尚武，将苏联对日宣战的通告交给对方，宣告8月9日起苏联同日本处于战争状态。

为了保证首战成功，斯大林加强了由华西列夫斯基统率的苏联远征军，使它具有十一个兵种合成的集团军，一个坦克集团军，三个航空集团军，共八十个师，四个坦克机械化军，六个步兵旅，四十个坦克机械化旅，总兵力约一百五十八万人。

抽烟斗的斯大林

日本关东军得知苏联宣战，紧急调集二十四个师团、十一个独立旅，约七十五万人的兵力部署在对苏作战的各条防线上。

8月9日零时一过，斯大林下达了远征军进攻的命令。百万雄师迅猛行动，强渡黑龙江和乌苏里江，在广阔的地面战场和海洋上同时向日本关东军发起全线总攻击。

苏联的对日宣战已经使日本准备投降了。可8月9日美国又在日本长崎投下一颗原子弹。

有识之士认为，美国这颗原子弹就是对苏联对日宣战的抗议，标志着美苏冷战外交的开始。

在美国看来，苏联对日宣战完全是为掠夺远东利益。

8月14日日本政府被迫宣布无条件接受《波茨坦公告》，15日，日本天皇发表了投降诏书。

尽管8月18日日本关东军已向苏军投降，但苏军仍然没停止行动，按预定目标抢占了所要抢占的一切地点。

9月2日,斯大林发表了《告人民书》的广播讲话,声称日本已战败投降,苏联报仇雪耻,并收复了丧失的全部领地。

9月3日,斯大林又发布《最高统帅给红军和海军部队的命令》:

为了庆祝战胜日本,在今天,9月3日,对日胜利节,21时,我们祖国首都莫斯科,以祖国的名义,用三百二十四门火炮齐鸣礼炮二十四响,向赢得这一胜利的英勇的红军部队和海军舰艇部队致敬。在争取我们祖国的荣誉和胜利的战斗中牺牲的英雄永垂不朽!

1949年,斯大林在莫斯科会见毛泽东。1952年,完成最后一部著作《苏联社会主义经济问题》。1953年3月5日在莫斯科住宅内病逝。